A colonização
explicada a todos

FUNDAÇÃO EDITORA DA UNESP

Presidente do Conselho Curador
Mário Sérgio Vasconcelos

Diretor-Presidente
Jézio Hernani Bomfim Gutierre

Superintendente Administrativo e Financeiro
William de Souza Agostinho

Conselho Editorial Acadêmico
Danilo Rothberg
João Luís Cardoso Tápias Ceccantini
Luiz Fernando Ayerbe
Marcelo Takeshi Yamashita
Maria Cristina Pereira Lima
Milton Terumitsu Sogabe
Newton La Scala Júnior
Pedro Angelo Pagni
Renata Junqueira de Souza
Rosa Maria Feiteiro Cavalari

Editores-Adjuntos
Anderson Nobara
Leandro Rodrigues

Marc Ferro

A colonização
explicada a todos

Tradução
Fernando Santos

© 2016 Éditions du Seuil
© 2017 Editora Unesp

Título original em francês:
La Colonisation expliquée à tous

Direitos de publicação reservados à:

Fundação Editora da Unesp (FEU)
Praça da Sé, 108
01001-900 – São Paulo – SP
Tel.: (0xx11) 3242-7171
Fax: (0xx11) 3242-7172
www.editoraunesp.com.br
www.livrariaunesp.com.br
feu@editora.unesp.br

Dados Internacionais de Catalogação na Publicação (CIP)
Vagner Rodolfo CRB-8/9410

F395c
Ferro, Marc
  A colonização explicada a todos / Marc Ferro; traduzido por Fernando Santos. – São Paulo: Editora Unesp, 2017.

  Tradução de: *La colonisation expliquée à tous*
  Inclui bibliografia.
  ISBN: 978-85-393-0682-4

  1. Colônias. 2. Colonização. 3. Independências. 4. Imperialismo. I. Santos, Fernando. II. Título.

2017-258   CDD 325.3
                                                  CDU 325

Editora afiliada:

Asociación de Editoriales Universitarias
de América Latina y el Caribe

Associação Brasileira de
Editoras Universitárias

A Mireille Souyri e Claude Duchet

Sumário

Nota do autor   9
Agradecimentos   11

1   Colônias para quê?   13
2   As independências dos colonos   41
3   Os objetivos do imperialismo   53
4   Indigenização, ocidentalização e coabitação   81
5   Defesa e denúncia   105
6   As origens das lutas de libertação   123

7 As independências:
guerra ou
negociação 143
8 A herança de hoje 165

Referências bibliográficas e
filmográficas 181
Filmes 185
Cronologia 187

Nota do autor

Neste livro, tratamos essencialmente da colonização europeia tal como entendida pela tradição histórica, isto é, aquela praticada além-mar entre os séculos XVI e XX e cuja memória continua viva. Veremos, assim, como ela deu origem a novas sociedades, das quais nem todas sobreviveram – enquanto o Japão não as teve.

Vamos compará-la à colonização realizada pelo Império Russo, na qual a questão colonial e a questão nacional podem interferir ou se confundir.

Na era do imperialismo, a dominação da metrópole pode não vir acompanhada da presença de colonos no exterior. É o caso dos Estados Unidos, que também evocaremos.

Agradecimentos

Agradeço primeiramente a Séverine Nikel, que me estimulou a atualizar esta história da colonização, a qual, de certa forma, fez parte da minha experiência de vida.

Agradeço igualmente, e com o mesmo reconhecimento, a Cécile Rey, que soube resolver de forma admirável os problemas surgidos durante a redação desta história e me ajudou, de maneira bastante construtiva, a apresentar uma nova versão dela.

Meus agradecimentos também a Caroline Pichon, da editora Seuil, que soube limpar meu texto, aperfeiçoando-o de modo a deixá-lo livre de todos os excessos.

1
Colônias para quê?

– O que é a colonização? Como defini-la?

– A colonização é, ao mesmo tempo, a ocupação de uma terra estrangeira e distante por uma população, com sua cultura, e a instalação, nessa terra, daqueles que chamamos de "colonos". Durante vários séculos os europeus encarnaram esse fenômeno, administrando em todo o mundo colônias de exploração e colônias de povoamento (que acolhiam uma importante população metropolitana).

De fato, a partir do século XVI os europeus instalam-se tanto na América como na Ásia e na África. São criados impérios coloniais caracterizados por uma economia baseada, de um lado, na escravidão e, de outro, na exploração dos recursos do território.

Na segunda metade do século XIX tem lugar uma nova onda de colonização europeia, a qual denominamos "era imperialista". Ela instaura o domínio das potências europeias sobre grande parte do mundo, ao mesmo tempo que afirma a superioridade da civilização na qual ela se apoia.

– O que diferencia essa segunda era colonial do século XIX daquela que começa no século XVI?

– A partir de então, a colonização responde a uma vontade política explícita: cada Estado industrial procurar assegurar para si zonas de dominação ou, ao menos, de influência. Por outro lado, ela não se coloca mais sob o signo da evangelização, mas do progresso: trata-se de levar a civilização a sociedades consideradas menos avançadas. Por fim, essa segunda colonização dispõe de recursos financeiros, militares e humanos jamais vistos na história, modificando completamente a relação entre metrópoles e colônias; e com os colonizados também, pois o trabalho forçado passa a ser a regra.

A colonização explicada a todos

A era imperialista caracteriza-se, assim, por essa dominação ao mesmo tempo política, cultural e econômica das potências ocidentais, que lhes permite dividir o mundo entre si e controlar, por meio da opressão, as populações autóctones. Essa dominação baseia-se numa doutrina política que a justifica e que chamamos de "colonialismo".

Porém, para as sociedades subjugadas ininterruptamente do século XVI ao século XX – na Índia, em Angola, nas Antilhas –, os dois fenômenos (colonização propriamente dita e imperialismo) não poderiam ser dissociados: a dependência só terminou com a independência.

– Se a colonização como fenômeno mundial começa no século XVI, antes não existiam "colônias" e "colonos"?

– Certamente existiam. A colonização é antiga, embora o termo só apareça no fim do século XVII – até então era a palavra "conquista" que designava a tomada de posse de territórios ultramarinos pelos europeus.

No mundo ocidental, os fenícios, concentrados no que é hoje a costa libanesa, lançam-se, a partir de 900 a.C., ao controle do Mediterrâneo. Eles criam entrepostos dedicados ao comércio, o mais célebre dos quais foi Cartago – perto da atual Túnis –, fundado em 814 a.C. Em seguida veio a colonização grega, com estabelecimentos permanentes (as "colônias") que contribuíram para a difusão da civilização helênica; ela espalhou-se ao redor de todo o Mediterrâneo até Massália (Marselha), fundada em cerca de 600 a.C. pelos gregos de Foceia.

Essa colonização é retomada sob a forma de expansão territorial, por contiguidade, no tempo de Alexandre, o Grande, que estende seu império do Egito até o Indo por volta de 325 a.C. Com sua morte, o império é desmembrado, e seus sucessores, os diádocos, o dividem entre si, até que, ao redor do Mediterrâneo, ele é conquistado pelos romanos. Tendo se tornado cristão, o império se cinde em 476 d.C. com o Oriente (Império Bizantino), tornando-se o preservador da civilização grega e o Ocidente passando às mãos dos povos ditos "bárbaros".

O século VII assiste à conquista árabe: ela se estende a oeste do Mediterrâneo, até a Espanha e a Gália; ao norte, até o Cáucaso; a leste, até a Índia, englobando a Pérsia, a Ásia Central e o norte de Sumatra (Achém). Esse império, por sua vez, se divide a partir do século XI, sobretudo em razão das investidas turcas. Na porção oriental do mundo antigo, a civilização indiana, antes de ser engolida pelo islã nos séculos XI e XII, era representada pelos monges budistas, que deixaram sua marca na Birmânia, na Malásia e na parte ocidental das Ilhas de Sonda. Eles também colonizaram o Tibete, cujas comunidades se dividiram até que os imperadores manchus, da China, impuseram seu domínio ao país no século XVIII. A China também praticou uma microcolonização na costa oriental da África, em Moçambique, mas pôs fim subitamente a essas operações marítimas no século XV.

No momento em que a conquista pelos europeus daquilo que eles irão chamar de "Novo Mundo" dá início à primeira globalização do universo, quatro impérios dominam o mundo antigo: o Império Otomano, ao redor do Mediterrâneo, na Anatólia e nos Bálcãs; o Império Safávida, na Pérsia; o Império Mogol, na Índia; e o imenso Império Chinês.

– *A história que vamos apresentar aqui começa, portanto, no século XVI? O que aconteceu então?*

– Costumamos associar o início da colonização àquilo que denominamos tardiamente – a partir do século XIX – de "grandes descobertas" (embora, evidentemente, a "descoberta" só valha para os europeus, que partiram rumo a terras desconhecidas). Na verdade, essa colonização europeia começou alguns anos antes. A partir de 1471, o rei de Portugal anexa São Tomé e Príncipe, no golfo da Guiné: é a primeira colônia dessa era.

Depois vêm as grandes expedições marítimas, na virada do século XV para o século XVI: o genovês Cristóvão Colombo, a serviço da Coroa espanhola, "descobre" a América em 1492, e o português Vasco da Gama, a Índia, em 1498. Nos dois casos, trata-se de, simultaneamente, encontrar a rota das especiarias, apropriar-se das riquezas da Ásia e evangelizar as populações. A colonização atende, tanto para Portugal como para a Espanha, a um projeto ao mesmo tempo comercial e religioso. Ouro e Cristo...

– *Os portugueses são os primeiros nessa aventura. Por que eles?*

– Como os outros pequenos reinos hispânicos, Portugal é um resultado da Reconquista, a retomada, nos séculos XII e XIII, dos territórios até então sob domínio muçulmano. Bloqueado a oeste pela poderosa Castela, seu rei João I (1385-1433) decide que a vocação do país está na água, e começa a transformar um povo de lavradores e pastores num povo de comerciantes e marinheiros. Com o infante Henrique, o Navegador, só se fala de navios e descobertas. O rei em pessoa estimula fortemente a expansão na direção das costas marroquinas, depois mais além. Contribui para isso a invenção da bússola, a utilização de portulanos (ancestrais dos nossos mapas) e o aperfeiçoamento do timão: Lisboa e Porto participam do desenvolvimento dessas inovações, oriundas em parte do mundo árabe. Os enviados do rei começam a explorar as costas africanas, em busca de um caminho para as Índias e a China, uma vez que se encontravam bloqueados no Mediterrâneo pela potência otomana. Em 1487, chegam ao cabo da Boa Esperança, assim chamado por abrir a possibilidade de chegar até as Índias.

– *O objetivo dessas expedições marítimas é descobrir novas rotas de comércio, não colonizar as terras...*

– Certamente, mas o encontro entre os portugueses e as populações africanas já deixa claro, desde essa época, os mecanismos da conquista e da dominação. Uma tradição oral africana evoca os primeiros contatos dos negros de Angola com esses homens vindos do mar. Ela é reveladora do que Nathan Wachtel chamou de "a visão dos vencidos":[1]

Nossos pais viviam confortavelmente na planície de Lualaba. Eles tinham vacas e plantações, salinas e bananeiras. De repente, eles viram um grande barco aparecer no grande mar. Esse barco tinha as velas inteiramente brancas, brilhantes como espadas. Homens brancos saíram da água e pronunciaram palavras que não se compreendia.

Nossos ancestrais ficaram com medo, disseram que eram Vumbis, espíritos dos mortos. Eles foram expulsos para o mar com uma saraivada de flechas. Mas os Vumbis cuspiram fogo com um barulho de tempestade. Muitos homens foram mortos. Nossos ancestrais fugiram. Os notáveis e os adivinhos disseram que esses Vumbis eram os antigos donos da terra. Nossos pais se retiraram, com medo de que o barco Ulungu voltasse.

O barco voltou. Os homens brancos exigiram galinhas e ovos. Eles deram tecidos e pérolas.

---

1 Salvo menção em contrário, as referências das obras assinaladas no texto estão indicadas na seção "Referências bibliográficas".

Desde essa época até hoje, os brancos não nos trouxeram mais nada, a não ser guerras e miséria, o milho, a mandioca e a forma de cultivá-los.

Os portugueses que descobrem as populações negras e veem que elas comem no chão mesmo, moram em casas de palha etc. experimentam imediatamente uma sensação de superioridade. Diante de tamanha pobreza, eles não têm nenhum interesse em penetrar no interior nem em ocupá-lo. É preciso esperar pela Índia. Finalmente, em 1498, Vasco da Gama lança âncora em Calicute.

Na Índia reinam os sultões, muçulmanos no Norte, hinduístas no Sul, que comerciam ativamente com a Insulíndia e a China: perto deles, os comerciantes portugueses e seus "presentes" quase desaparecem...

– Qual é então a atitude dos comerciantes portugueses na Índia?

– Nós a conhecemos bem, agora, graças ao historiador indiano Sanjay Subrahmanyam, que reconstitui a "contra-história" desse encontro, isto é, narra a história do ponto de vista daqueles que eram considerados "descobertos". Eis aqui como um poema árabe escrito nos anos 1570 conta a primeira visita de Vasco da Gama:

O franco veio a Malabar disfarçado de comerciante, / Mas com a intenção de enganar e trapacear. / Para ficar com toda a pimenta-do-reino e o gengibre para ele, / E só deixar cocos para os outros./ No ano 903 depois da migração / Do Profeta, escolhido em meio a todo o gênero humano, / O franco trouxe alguns presentes ao samiri / E pediu para ser um de seus súditos. / Dizendo que ajudaria o país a prosperar / E que o defenderia dos inimigos e rebeldes. / O samiri o preferiu entre todos os outros, / E rejeitou os alertas de seus súditos, / Que diziam: "O franco destruirá nossas terras". / Daquele momento em diante, nossas palavras se confirmaram, / Pois ele se sujeitou como um escravo, depois, / Tendo se fortalecido, se ergueu, / E subjugou as terras de Hind e Sind, / E até a China: isso não é mentira.[2]

Esse poema descreve também como os portugueses demoliram as mesquitas, incendiaram as cidades e escravizaram os povos do Mar Vermelho, de Sri Lanka e da costa oriental da África. Eles chegam como

---

2 Mohammed ibn Abdul Aziz, *Fath al-Mubin li al-Samiri allazi yuhibbu al-Muslimin*.

conquistadores – uma imagem muito distante do Vasco da Gama descrito em *Os lusíadas* (1572), ode de Luís de Camões à grandeza dos portugueses que circularia do Gujerat à Europa.

No século XVI, o Oceano Índico tornou-se um "lago" português, dominado de Moçambique a Bornéu, passando por Socotra, ao largo do Iêmen. Os portugueses instalam entrepostos comerciais de Diu a Colombo, na Índia, na Indonésia e em seguida em Macau, na China. No total, mais de vinte!

– *Portugal é, no século XVI, a maior potência colonial?*

– Não, a maior potência colonial no século XVI é a Espanha. É assim que o historiador Lopez de Gomara a descreve em 1550:

> Nós, espanhóis, descobrimos, percorremos e convertemos uma imensidão de terras em sessenta anos de conquistas. Jamais rei algum e nação alguma percorreram e subjugaram tanto em tão pouco tempo, fizeram ou mereceram o que nossa gente fez e mereceu por meio das armas, da navegação, da pregação do santo Evangelho e da conversão dos idólatras. Bendito seja Deus, que deu aos espanhóis essa graça e esse poder.

Nessa época, o império espanhol estende-se das Américas a Manila.

Em 1494, dois anos depois da expedição de Cristóvão Colombo, Portugal e Espanha assinaram um tratado – o Tratado de Tordesilhas – que dividia entre eles, de um lado e de outro de uma linha imaginária, as terras a serem descobertas.

Porém, a incorporação de Portugal por Castela, em 1580, por conta da ordem de sucessão dinástica, pôs fim à presença colonial portuguesa na Ásia. Como Castela não tem o menor interesse em defender essas possessões no Oceano Índico, os holandeses vão ocupando seu lugar pouco a pouco. Os portugueses conservam posições na Guiné, em Angola e em Moçambique, bem como a porção oriental de Timor. Eles também estão presentes no Brasil – onde Cabral, também a caminho das Índias, desembarcou em 1500 –, que começam a explorar no século XVII.

Povo saído do mar, os holandeses devem sua riqueza – uma prosperidade representada pelo Banco de Amsterdã – à defumação de arenque e a uma frugalidade que lhes permite construir navios a custos imbatíveis. Diferentemente de Portugal e da Espanha, toda essa energia não emana do Estado, e sim de cidades que se associam ou competem entre si. Acima de tudo, o fracasso dos portugueses ensinou aos holandeses que se estabelecer de forma estável requer a instalação de colonos. Em 1619, Jan Pieterszoon Coen, o fundador da Companhia das Índias Orientais, traz para Jacarta (Indonésia), além de holandeses, chineses, malaios e filipinos.

– *Como se dá o encontro dos holandeses com as populações locais?*

– O encontro dos holandeses com os países da Insulíndia, que Romain Bertrand descreveu em um ensaio de "história vista dos dois lados", também não corresponde em nada ao imaginário de um triunfo anunciado. Fortemente armados, os quatro navios da flotilha de Cornelis de Houtman sofreram com os quinze meses passados no mar, quando dezenas dos cerca de 250 homens que embarcaram em 1595 na ilha dc Texel, na Holanda, contraíram escorbuto, alguns dos quais vieram a morrer. Eles ficaram bastante surpresos quando, ao chegar a Banten, se depararam com um porto tão bem equipado como os da velha Europa, e com um protocolo de recepção que os forçava a desempenhar o papel de representantes de um grande rei.

Em Java, as populações locais logo perceberam que Houtman e seus homens não passavam de simples marinheiros.

De fato, não houve um verdadeiro encontro entre os holandeses de Houtman e os naturais de Java, pois sua elite aristocrática não tinha nada em comum com aqueles mercadores que tinham vindo fazer comércio. Os holandeses têm de recorrer aos portugueses ou a um mercador chinês para conhecer as medidas e as moedas locais ou para controlar os ventos. Ficam totalmente desorientados nesse mundo cujo modo de funcionamento não compreendem, e a violência é sua única força. Acabam ocupando o terreno, mas voltam completamente arrasados para seu país: da equipe inicial só sobraram noventa homens debilitados. Sim, eles tomaram posse da herança portuguesa, mas o efeito desse encontro com Java e seus habitantes foi similar ao "de uma gota no oceano".

– Como se dá o início da colonização espanhola nas Américas?

– Nessa matéria, Cristóvão Colombo é, necessariamente, nossa primeira testemunha. Ele fez um relato glorioso, mas crítico, do encontro entre as populações espanhola e indígena: "O rei e todos os seus andavam nus como tinham vindo ao mundo, e suas mulheres também, sem nenhuma vergonha. Eles são todos como os habitantes das Canárias, nem negros nem brancos". Essa característica impressiona Colombo, mas também o fato de que os indígenas não têm o senso de propriedade nem do valor das coisas: "Eles dão tudo o que têm em troca de qualquer quinquilharia que lhes oferecemos, a ponto de aceitarem até pedaços de tigelas ou de copos quebrados". Mas se acaso um deles rouba um objeto, Colombo manda cortar seu nariz e suas orelhas; os bons selvagens viraram todos ladrões...

"Todos eles acreditavam que os cristãos vinham do céu, onde ficava o reino de Castela", julga Colombo; ele lhes atribui, assim, suas próprias crenças. "Eles vêm do céu e estão à procura de ouro", um indígena teria dito a seu rei. Mas como Colombo poderia ter compreendido isso, se ele não entende a língua deles? Ele acredita nisso porque é o que ele faz: traz sua religião e leva o ouro em troca...

– *A violência está presente desde o começo?*

– O filósofo e ensaísta Tzvetan Todorov estudou os textos tanto dos descobridores como dos conquistadores. Ele mostra como as características essenciais da colonização já estão presentes, embrionárias. Encontramos nesses textos a troca desigual e a violência sexual, uma visão do outro que o transforma ora num outro eu que se deseja assimilar – cristianizando – ora num escravo. O encontro provoca um trauma nas populações "descobertas".

A destruição dos indígenas do Caribe começa em 1495 em Hispaniola (Haiti). É "a maldita fome de sexo", tanto quanto "a maldita fome de ouro", que está na origem de um extermínio por meio de execuções, mas também em razão dos trabalhos forçados e das doenças – a rubéola, a gripe, a varíola, enquanto os europeus contraem a sífilis. As doenças trazidas do Velho Mundo dizimam as populações indígenas. Em menos de meio século, em todo o Caribe, apenas na Dominica resta alguma população nativa. No antigo reino dos incas, as vítimas chegam aos milhões. Quanto à magnitude da espoliação... Milhões de quilos de metais preciosos são enviados a Sevilha: mais de 42 mil quilos de ouro entre 1550 e 1560; mais de 7,5 milhões de quilos de prata entre 1590 e 1660... Sem falar dos territórios ocupados.

– Isso quanto ao ouro. E Cristo? Os colonizadores também não tinham a justificativa de evangelizar o mundo?

– Não há dúvida de que eles pretenderam fazê-lo, e cerca de 13 mil missionários se dedicaram a isso. Mas os jesuítas também queriam proteger as populações indígenas das violências cometidas pelos conquistadores – provocando, desde meados do século XVI, a cólera destes últimos, pois os jesuítas haviam reunido os indígenas em reservas no Paraguai, as reduções, onde eles podiam se defender. Os conquistadores acabaram conseguindo expulsar os jesuítas da América com a ajuda da Coroa.

Na Ásia, a evangelização assistiu à disputa entre as diferentes ordens quanto aos métodos a seguir; os jesuítas eram mais tolerantes com os rituais chineses originais do que o eram os dominicanos ou os franciscanos. Na China, todos os missionários sofreram algum tipo de perseguição. No Japão, embora o célebre missionário jesuíta Francisco Xavier tenha conseguido conquistar os corações, os dirigentes sentiram que o objetivo principal das conversões era, de fato, transformar a natureza do regime político do país. Os jesuítas foram expulsos de lá em 1614.

Na América espanhola, a resistência indígena e a ação dos jesuítas fez que se recorresse ao tráfico de escravos africanos.

– *Como isso é possível?*

– Na colônia, a missão dos jesuítas é, como vimos, tanto converter como proteger os indígenas. A própria Coroa espanhola, que pretende cristianizá-los, não aceita que os conquistadores os reduzam à escravidão. Quanto aos espanhóis, eles não têm nenhum interesse em emigrar para América se for para trabalhar. O mesmo acontece com os portugueses no Brasil. Portanto, serão importados escravos da África para trabalhar nas minas de ouro ou nas plantações de cana-de-açúcar, o que transforma essas regiões em colônias de exploração.

Em 1444, os portugueses, sempre eles, foram os primeiros no Ocidente a fazer o comércio de escravos, a partir de Lagos. Eles implantaram um cativeiro em São Tomé, abastecido a partir do Congo.

Nos séculos seguintes, os cativos partem do Congo e de Luanda diretamente para as Américas, e o número de africanos deportados chega rapidamente a 6 mil por ano. No Novo Mundo, eles são direcionados a princípio para o trabalho nas plantações, principalmente de cana-de-açúcar. Um comércio triangular é implantado entre a Europa, a África e as Américas, onde circulam, de um continente a outro, quinquilharias, escravos e produtos das colônias:

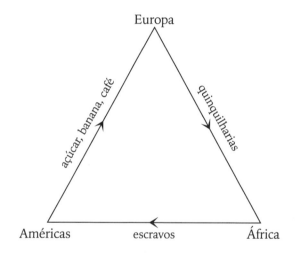

Assim, o tráfico atlântico vai permitir – durante mais de três séculos, entre o século XVI e meados do XIX – a exploração das colônias nas Américas.

No dia 10 de maio de 2001, atendendo à solicitação de Christiane Taubira, então deputada da Guiana Francesa, o Parlamento francês aprovou uma lei reconhecendo que o tráfico atlântico e a escravidão foram crimes contra a humanidade.

– *No total, quantos africanos foram vítima do tráfico atlântico?*

– O historiador Olivier Grenouilleau estima em 11 milhões o número de vítimas do tráfico atlântico. Porém (assim como o tráfico árabe), ele não poderia ter alcançado tão rapidamente tamanha amplitude se o tráfico africano não lhe tivesse preparado o terreno. Nove décimos dos escravos que partem destituídos de tudo para a América provêm das reservas do tráfico interno.

Para rentabilizar a viagem, são amontoados de 400 a 500 cativos por navio. Há um grande número de mortos durante o trajeto, em razão das doenças e dos maus tratos. Entre 1795 e 1811, cerca de 10% dos africanos que se dirigiram para o Rio de Janeiro morreram no mar. No entanto, parece também que os traficantes cuidam para que sua carga não chegue em péssimo estado, para poder vendê-la pelo melhor preço. Essas condições abomináveis de travessia foram retratadas pelo historiador americano Marcus Rediker.

– *O que acontece com os escravos depois de chegarem à América?*

– O trauma da viagem é tamanho que, assim que desembarcam no Caribe, na Guiana ou no Brasil, os "negros novos" tentam escapar. Quando são recapturados, eles se mutilam e se enforcam. "Trinta se enforcaram numa única habitação de São Vicente", relata Malenfant em *História de São Domingos*, publicado em 1814.

No entanto, muitos conseguem escapar: esses "marrons", como são chamados, encontram refúgio mais facilmente na Guiana do que nas ilhas – com exceção da Dominica, em razão de sua grande extensão. As ilhas espanholas, controladas com menos rigor que as ilhas francesas ou inglesas, também podem lhes servir de abrigo. Suicídio, automutilação e fuga são formas de resistência à escravidão.

Logo aumenta a distância entre os "negros do eito", destinados ao trabalho agrícola nas plantações e que representam a esmagadora maioria, e os "negros da casa", que trabalhavam por dia e dispunham de um pouco de liberdade. A aspiração destes últimos é serem alforriados. Assim, por volta de 1780, em Guadalupe, em meio a cerca de 90 mil negros (e mais de 100 mil habitantes), contam-se 3 mil não brancos livres, uma minoria extremamente pequena. Os alforriados formam grupos mais importantes em São Domingos e na Martinica. Alguns chegam até a ser donos de escravos.

– *"Ouro e Cristo": a colonização continua tendo esses dois motivos?*

– Não. Tomemos o caso dos russos, quando partem à conquista de novos territórios (e nesse caso podemos falar de "colonização", embora a expansão aconteça dentro do continente): eles querem multiplicar o número de súditos que pagam impostos.

Desde o século XII, os habitantes de Novgorod enviaram colonos para a Sibéria ocidental para se abastecer de peles. A invasão tártara no século XIII pôs fim a essa primeira colonização. Sob o governo de Ivã, o Terrível – Ivã IV (1533-1584) –, a marcha para o leste é retomada. Em 1558, o czar justifica a colonização:

> Eu, Ivã Vassilievitch, czar e grande príncipe de toda a Rússia, no dia 4 do mês de abril de 7066 [1558], como me foi apresentada uma súplica dizendo que em nossa pátria, no rio Kama, a montante da grande Pérmia [...], a região está deserta e que nenhum imposto vem para o meu tesouro [...], que essa região ainda não foi dada a ninguém [...]; e como Gregório Stroganov apresentou essa súplica, e quer implantar ali uma nova

cidade, desbravar, cultivar, convocar pessoas não tributáveis para procurar salinas, eu lhe concedo esse território.

Alguns anos mais tarde, a totalidade da Sibéria – um território de 6 milhões de quilômetros quadrados (a título de comparação, a França tem 551 mil...) – está unida à Coroa. A colonização do leste avança regularmente. Yakutsk é fundada em 1632, antes de Montreal; sete anos mais tarde os russos chegam a Kamchatka, no Oceano Pacífico. Mais longe, nas ilhas Curilas, eles se deparam com o Japão, que acabou de colonizar Yeso (Hokkaido).

– *E a França? Em que momento ela entra na aventura colonial?*

– Diferentemente dos espanhóis e dos portugueses, no século XVI a França não tem política colonial. Francisco I (1515-1547) intervém pontualmente – em 1535, ele encoraja Jacques Cartier, que partiu em busca das nascentes do rio São Lourenço – ou defende a pesca de grande porte no Atlântico.

No entanto, o monarca se rebelou no momento em que o papado serviu de árbitro entre a Espanha e Portugal por meio do Tratado de Tordesilhas (1494): "O sol brilha para mim como para os outros. Gostaria muito de ver a cláusula do testamento de Adão que me exclui da divisão do mundo". Portanto, é a concorrência entre potências que leva a França a se interessar pelas expedições a terras longínquas. Para Francisco I, trata-se de evitar o monopólio espanhol sobre a totalidade das novas terras; depois, para seus sucessores, trata-se de frear o avanço da Inglaterra.

Portanto, nos séculos XVII e XVIII a França cria postos avançados no Canadá, "a Nova França"; mas ela se interessa, sobretudo, pelas ilhas produtoras de açúcar do Caribe, que são ocupadas a partir de São Cristóvão, nas Pequenas Antilhas, em 1625. Na época de Richelieu, a cidade de Quebec mal chega a 100 habitantes; a Martinica e Guadalupe possuem, cada uma, no momento da Revolução Francesa, em torno de 10 mil colonos, enquanto em São Domingos vive um número de escravos de seis a sete vezes maior que esse.

O interesse é ainda maior pela Ásia e pelas riquezas que ela esconde. Naquela região, a França rivaliza com a Holanda e a Inglaterra. A aposta é comercial e financeira, e é esse projeto que preside a criação, em 1644, da

Companhia Francesa das Índias Orientais e da Companhia Francesa das Índias Ocidentais. Porém, em 1669 os holandeses apreendem no Oceano Índico uma frota francesa de nove navios armados com 2.500 homens. A ocupação de Pondicherry, em 1674, faz esquecer essa humilhação.

– É claro que não podemos nos esquecer dos ingleses. Quais são os objetivos deles?

– No século XVI, eles se interessam unicamente pelas rotas que permitem a exportação de seus tecidos, e, como os soberanos ibéricos, procuram o melhor caminho para chegar até o ouro e as especiarias. O caminho que tentam abrir pelo noroeste revela-se uma decepção: quando chegam ao Labrador, não encontram nem ouro nem especiarias. Em compensação, pelo nordeste, a rota do Báltico permite estreitar as relações com a Rússia; depois, descendo o Volga, alcançam o Mar Cáspio: abre-se, através da Pérsia, uma rota para a Índia.

Tudo muda na época de Elisabete I (1558-1603). Seu favorito, o navegador Walter Raleigh, transforma-se no teórico de um imperialismo marítimo: "Quem controla o mar, controla o comércio, controla a riqueza do mundo e, consequentemente, o próprio mundo".

Num primeiro momento, Elisabete financia piratas e corsários para que ataquem as possessões espanholas de além-mar e seus comboios. Logo, porém, surge a ideia, exposta pelo explorador Humphrey Gilbert, de "povoar com colonos ingleses os países pagãos e bárbaros que ainda não pertençam a nenhum príncipe ou povo cristão". Desenha-se, assim, desde a origem, a face dupla da colonização inglesa: bases povoadas com colonos e uma missão evangelizadora. É quando a Inglaterra começa a aumentar sua influência na Índia. No início é uma influência comercial, como a da França. Mas o conflito acontece quando Dupleix quer instituir uma espécie de protetorado no Decão. Ele perde a partida para Clive, que sabe jogar melhor "em nome da companhia" do que em nome do seu governo – o que não o impede de derrotar, em Plassey, o nababo de Bengala (1757). Versalhes decide chamar Dupleix de volta em 1754.

Na América, a colonização inglesa começa realmente no início do século XVII, sob o reinado de Jaime I (1603-1625), com a fundação, a partir de 1608, de colônias ao longo

A colonização explicada a todos

do Oceano Atlântico. Elas serão em número de treze em 1732, governadas de Londres. Apesar da aparência, a conquista de Quebec e de Montreal durante a Guerra dos Sete Anos (1756-1763), seguida da aquisição da Flórida, da Jamaica e de Tobago, enfraquece esse império, até então anglo-saxão e protestante, pois ele tem de combater populações hostis que professavam a fé católica. Acima de tudo, a Inglaterra enfrenta, no final do século XVIII, o desejo de independência de suas colônias da América.

Nenhum golpe afetou mais a nação inglesa do que a independência dos Estados Unidos em 1783, da qual a França participou – sua revanche – com La Fayette.

2
As independências dos colonos

– Na América, as primeiras independências de territórios colonizados são, portanto, obra de colonos?

– Certamente. É o que eu chamo de "independência do colono". Os colonos da América do Norte não aguentam mais as restrições impostas pela Inglaterra (taxas, proibição de se industrializar etc.). A isso se soma a reclamação de que eles não são mais consultados sobre os impostos que os sobrecarregam e que eles não estão representados no Parlamento de Londres. Na própria Inglaterra, homens como Edmund Burke alertam seus concidadãos para o fato de que esse controle da Coroa sobre os colonos poderia se estender às liberdades da metrópole. Também é verdade que esses protestos surgem tanto como um prenúncio de revolução como um movimento de independência.

Em 1773, americanos se disfarçam de índios para jogar no mar um carregamento de chá trazido pela Companhia Inglesa das Índias Orientais, cujos preços baixos arruínam os colonos: essa *Boston Tea Party*[3] marca a explosão da revolta.

Thomas Jefferson redige a Declaração de Independência dos Estados Unidos, votada em 4 de julho de 1776:

> Nós, representantes dos Estados Unidos da América, reunidos em congresso plenário, tomando o Juiz supremo do mundo como testemunha da sinceridade de nossas intenções, em nome e por delegação do bom povo destas colônias, afirmamos e declaramos solenemente: Que estas colônias unidas são e devem ser por direito Estados livres e independentes; que elas estão livres de qualquer fidelidade com relação à Coroa britânica, e que todo vínculo entre elas e o Estado da Grã--Bretanha está e deve estar totalmente dissolvido.

_____

3 Festa do Chá de Boston (em inglês no original). (N. T.)

– Qual é a reação de Londres?

– É a guerra. No entanto, o conflito dos colonos americanos com o rei revela uma recusa mais profunda: para eles, não se trata unicamente de se opor a taxações decididas sem o seu consentimento, mas de poder fazer suas próprias leis: *de submeter os governantes aos governados*. Dito de outra maneira, de criar uma verdadeira democracia. Inspirando-se em Rousseau, Locke e Blackstone, os americanos viam-se encarregados de uma missão universal: eles são os "herdeiros de Israel", o "novo povo eleito". A independência é conquistada em 1783, primeiro passo para a revolução.

Em Londres, o monarca e o Parlamento aprendem a lição – um exemplo raro na história. No século XIX, num momento de prosperidade econômica, a Inglaterra afrouxa o controle sobre suas dependências povoadas de brancos (Canadá, Austrália, Nova Zelândia), que se beneficiam, por etapas, de um regime representativo, às vezes parlamentar. O Canadá torna-se o primeiro domínio, em 1867, com suas quatro províncias: Quebec, Ontário, Nova Brunswick e Nova Escócia.

– Os domínios são colônias?

– Inicialmente, o Canadá, seguido pela Austrália e a Nova Zelândia a partir de 1900, só se beneficia de uma autonomia interna, limitada eventualmente por um veto do governador. Mas os domínios logo passam a desfrutar de uma autonomia externa. Assim, em 1907 o Canadá assina um tratado comercial com a Alemanha sem passar pela intermediação da Grã-Bretanha.

Essa liberdade pode ir ainda mais longe. Em 1914 e, mais tarde, em 1939, a África do Sul declara guerra à Alemanha independentemente da metrópole. Nessa época, o monarca continua sendo o único vínculo permanente dos domínios com Londres, e as conferências imperiais, que reúnem os membros da Commonwealth, são intermitentes e não oficiais. Os interesses econômicos de cada um se distanciam, e a solidariedade britânica só se faz presente em caso de ameaça externa. Coincidentemente, a preferência dada por Churchill, em 1942, à defesa da Índia em relação à da Austrália assina o divórcio entre esse domínio e a mãe-pátria.

– *E na Austrália, justamente outro domínio, como as coisas se passaram?*

– Na Austrália, a prisão de Botany Bay foi criada em 1786. Os convictos, criminosos deportados, que na maior parte das vezes

A colonização explicada a todos

haviam cometido pequenos delitos (um deles foi preso por ter roubado uma maçã), foram, portanto, os primeiros colonos da ilha. São eles – e não os aborígenes, que se tornaram "inúteis" – que devem valorizar o território. Ora, sempre que podem eles escapam! Edward Gibbon Wakefield convence então as autoridades inglesas e australianas a oferecer a colonos livres lotes médios a preços baixos, como uma recompensa – e não como um castigo. A partir de então, os convictos passam a ter melhor sorte. "Como é bom ser condenado a trabalhos forçados na Austrália!", devem pensar os militares enviados à colônia para vigiá-los, enquanto eles são forçados a obedecer à antiga disciplina. Os convictos chegam até a constituir família no local, já que há muitas mulheres nas levas de "delinquentes".

Como continuavam sendo tratados como criminosos, os descendentes dos convictos acabam apelando, em nome das liberdades inglesas, à justiça da metrópole contra as autoridades da Coroa. É por isso que na Austrália a linguagem jurídica tornou-se a linguagem da política; o Poder Judiciário precede o Executivo e o Legislativo. Nesse país, recorre-se constantemente à lei, e as pessoas se consideram traídas pelas ideias e pelos discursos dos políticos.

– A América Latina também foi atingida pela independência dos colonos?

– Desde o final do século XVIII os colonos da América espanhola também querem se emancipar. Eles pretendem contornar as leis da Coroa: *"Obedezco pero no complo"* ("obedeço, mas não cumpro") era a palavra de ordem desse movimento de emancipação. Na origem desse movimento encontra-se a ocupação de Buenos Aires pela frota inglesa em 1806: as forças espanholas foram incapazes de se opor a ela, e foram as milícias dos colonos que puseram fim à ocupação.

Os crioulos (espanhóis instalados nas colônias e seus descendentes) consideram que a Espanha os coloniza. Desde Carlos III (1759-1788), a administração espanhola está cada vez mais presente, aplicando a partir do outro lado do Atlântico pesadas e eficazes medidas fiscais nas colônias. Em nome do Iluminismo, os crioulos combatem o despotismo moribundo dos Bourbons. Os indígenas, por sua vez, descobrem novos tiranos: os mestiços e, sobretudo, os crioulos.

A colonização explicada a todos

O movimento parte das regiões em que não há mais motivo para temer os indígenas: a Venezuela, a Colômbia – dirigido por um crioulo levemente moreno, o general Simon Bolívar – e o Uruguai. A batalha de Ayacucho, em 1824, no Peru, marca a vitória dos independentistas.

No México, o impulso decisivo se deve a um oficial crioulo: Augustin de Iturbide. Ele anuncia em 1821 o plano conhecido como das Três Garantias: independência, unidade dentro da fé católica e igualdade entre peninsulares e crioulos. O objetivo é conter a retomada de poder por parte da comunidade indígena. Essa reação prossegue até a retomada da luta indígena por Zapata em 1911-1919.

No Brasil, também é uma independência dos colonos que acontece em 1822.

Temos a tendência de não levá-las em conta, mas as independências dos colonos são uma forma muito frequente de descolonização. Soma-se ao caso precedente o da Rodésia: em 1965, os colonos declaram unilateralmente a independência; porém, como não mudaram em nada a situação das populações autóctones, uma revolta negra acaba por expulsá-los do país – que se torna o Zimbábue em 1980.

– Quais são as consequências das independências dos colonos para as populações originais das antigas colônias?

– Dramáticas. Nos Estados Unidos, os indígenas são considerados um obstáculo à colonização, e devem ser eliminados de uma forma ou de outra. No total, a população indígena da América do Norte teria passado de 7 ou 8 milhões, quando da chegada dos colonos, a 375 mil em 1900. Os que não foram dizimados pelas epidemias ou exterminados encontram-se confinados em reservas isoladas. Quanto aos negros, destinados ao trabalho, permanecem escravos até a Guerra de Secessão (1861-1865), e sua sorte só começa a mudar a partir dos anos 1950.

Em 1969, tomando como exemplo os movimentos negros que pouco a pouco se emancipam, os indígenas lançam o apelo de Alcatraz. É um texto muito bonito:

> Ao Grande Chefe, Pai dos Brancos, e a todo o seu povo, Nós, americanos indígenas, reclamamos a terra conhecida como ilha de Alcatraz, em nome de todos os índios americanos, pelo direito de descoberta.

A colonização explicada a todos

Nós [...] propomos o seguinte tratado: Nós compramos a dita ilha de Alcatraz pela quantia de 24 dólares, paga em objetos de vidro colorido e tecidos de algodão vermelho, de acordo com as condições de mercado oferecidas pelo Homem Branco há cerca de trezentos anos pela compra de uma ilha semelhante. [...] Nós reservamos aos habitantes dessa ilha uma porção de terra para seu próprio uso, [...] para que eles usufruam dela para sempre, enquanto o sol brilhar e os rios correrem para o mar. [...]

Portanto, será justo e simbólico que os navios vindos do mundo inteiro, ao passarem pela Porta de Ouro, descubram em primeiro lugar uma terra índia, e possam, assim, se lembrar da verdadeira história desta nação.

Essa declaração e a ocupação pacífica da ilha por um grupo de ameríndios lembraram à opinião pública mundial que o funcionamento da democracia nos Estados Unidos continuava maculado por graves defeitos. Quanto aos efeitos concretos da mobilização, eles foram insignificantes.

No Canadá, se as comunidades indígenas foram mais preservadas que nos Estados Unidos, elas foram marginalizadas em razão da constituição de uma minoria de mestiços decorrente do cruzamento dos "caçadores de peles" com os "selvagens". Nas últimas décadas surgiram movimentos identitários, cujos membros se consideram iroqueses, abenakis e hurons, não canadenses.

Assim, no continente norte-americano, os anos 1970 correspondem a um certo remorso com relação ao tratamento dispensado no passado aos indígenas. Percebemos o mesmo fenômeno na Austrália com relação aos aborígenes.

– Que forma esse remorso assume na Austrália?

– Como disse, na Austrália é o direito que governa; isso representou uma vantagem para os aborígenes. Em 1992, a Corte Suprema – a mais alta jurisdição do país – põe fim à doutrina da *terra nullius*, segundo a qual o território era desabitado antes da chegada dos ingleses. É criado um novo título de propriedade, o *Native Title*, que questiona o estatuto de uma grande extensão de terras, especialmente na Austrália Ocidental.

O primeiro-ministro da Austrália Ocidental reage em 1993, propondo submeter a referendo popular os dispositivos de restituição – apesar de a população aborígene representar menos de 4% da população do estado... "O governo do Estado utiliza métodos nazistas", declara o arcebispo anglicano de Perth. Esse recurso à vontade "democrática" contra o apelo à equidade, ao justo direito, não é uma das armas do totalitarismo? Esse é um dos problemas do nosso tempo.

3
Os objetivos do imperialismo

– Depois do movimento das independências dos colonos, as potências europeias reveem sua política colonial?

– A Espanha foi a potência colonial mais atingida pelas independências dos colonos, perdendo todos os seus territórios na América: ela só conserva Cuba, Porto Rico e as Filipinas, até 1898. O Brasil também se emancipa, deixando Portugal apenas com as colônias africanas e a parte oriental do Timor.

No início do século XIX, no Congresso de Viena de 1815, a Holanda perde o Cabo, na África, e o Ceilão, no Oceano Índico, para os britânicos. A França teve de renunciar a suas posições na Índia – com exceção de cinco entrepostos comerciais: Pondicherry, Karikal, Chandernagor, Yanaon e Mahé. Ela vende a Louisiana aos Estados Unidos, em 1803, e tem de sair de São Domingos – "a pérola das Antilhas" – após a revolta de 1791-1804.

Essa é a primeira revolução-independência que não é conduzida pelos descendentes dos colonos: liderados por Toussaint Louverture, os escravos trazidos da África e seus descendentes se insurgem ao mesmo tempo contra os colonos e contra a metrópole; esse acontecimento tem um alcance histórico considerável. No início do século XIX, só sobraram para a França fragmentos do império nas costas do Senegal, no Caribe e no Oceano Índico. A partir de 1830, os franceses vão começar a ocupar a Argélia, tema que retomaremos mais adiante.

Depois da independência dos Estados Unidos, a Grã-Bretanha não abandona o projeto de consolidar sua hegemonia nos oceanos. Após as duas "escalas" no caminho das Índias – Cabo e Ceilão – tomadas dos holandeses, os ingleses ocupam Singapura em 1819, um pedaço da Birmânia – para proteger a Índia – em 1824 e a Costa do Ouro (Gana), na África, nos anos 1870.

Nesse momento, porém, a grande transformação acontece em outro lugar. Ela tem origem no poder que a Revolução Industrial confere à Inglaterra, sua líder. Ela passa a ter necessidade de matérias-primas e mercados – para escoar sua produção industrial têxtil e metalúrgica – e também de clientes. É isso que vai relançar a colonização na segunda metade do século XIX. Essa nova onda está ligada à expansão do capitalismo industrial. O Império "britânico" substituirá as colônias "inglesas".

A Inglaterra precisa de outra América – que será a Austrália; de outra Índia – a China é visada; de outra África, diferente da que fornecia escravos às Antilhas e aos futuros Estados Unidos. O ministro das Colônias Joseph Chamberlain explica claramente, no final do século XIX, o projeto da nova política colonial britânica:

> O essencial é fornecer matérias-primas ao mercado inglês, escoar a produção inglesa e fornecer carregamentos para a marinha inglesa.

Esse objetivo não irá impedir – longe disso – que a Grã-Bretanha adquira novos territórios, alimentando uma necessidade de dominação com a qual outros logo irão competir. Porém, quando se inicia a conquista do mundo pelos produtos industriais – aço, estradas de ferro, tecidos, máquinas a vapor etc. – e pelo mercado, o governo se retrai com relação à ação dos indivíduos, ingleses, inicialmente, logo seguidos por franceses, alemães, russos e portugueses.

– *Portanto, o que caracteriza essa nova era colonial é a dominação econômica?*

– No final do século XIX é implantado um sistema de dominação econômica e política que acompanha a expansão das nações industrializadas no além-mar: é isso que chamamos de "imperialismo". Assim como Chamberlain, Jules Ferry afirma nos anos 1880: a política colonial é filha da política industrial. A nova colonização é conduzida em nome da liberdade de troca. No caso da França, soma-se a isso um processo de compensação depois da derrota para a Prússia, em 1871, e a perda da Alsácia-Lorena: é para apagar esses fracassos que a Terceira República se envolve numa política de conquistas.

A colonização também passa a responder a uma missão civilizadora perante o mundo. Desse modo, a França, pátria do Iluminismo

A colonização explicada a todos

e dos direitos humanos, teria obrigações para com as "raças inferiores". Afinal de contas, a França não aboliu a escravidão em 1848, depois da Inglaterra, que o fizera em 1833? É um dos paradoxos dessa segunda era: as mesmas sociedades em que predomina o discurso liberal vão se lançar, na segunda metade do século XIX, à construção de grandes impérios coloniais.

– *É também a ideia de uma desigualdade entre povos e raças que justifica, então, a colonização?*

– Existem duas concepções opostas. Por um lado, uma concepção universalista, à qual podemos associar Jules Ferry, para quem o colonizador tem o dever de transmitir a civilização aos povos que, no futuro, irão gozar de autonomia política ou de *self-government*;[4] por outro, uma concepção racista baseada em teorias "científicas" que se espalham na segunda metade do século XIX ao mesmo tempo que a colonização. De acordo com ela, existem raças inferiores cujo destino é serem dominadas.

Na verdade, é no final do século XIX que discursos "científicos" estabelecem, a partir

---

4 Autogoverno (em inglês no original). (N. T.)

de características físicas e culturais, uma classificação dos povos e uma desigualdade das raças. Não podemos deixar de mencionar, é claro, o *Ensaio sobre a desigualdade das raças humanas* (1853-1855), de Gobineau. Mas são sobretudo as revistas de geografia e de etnografia que influenciam os colonos, ao refletir sobre os melhores métodos para "civilizar nossos negros". Considera-se, de fato, que os povos que não pertencem à "raça" branca são atrasados, infantilizados. O discurso biológico racista valida uma abordagem paternalista: para evoluir, a África e a Ásia precisariam da Europa.

– *Onde os europeus pretendem impor esse sistema de dominação econômica, política e cultural?*

– Em toda parte! O desejo de poder não conhece limites. A voracidade conquistadora se estende dos confins da Argélia ao Cáucaso! Os europeus rivalizam-se para pôr as mãos em todos os territórios: aqueles ricos em matérias-primas agrícolas ou minerais; os passíveis de fornecer escoamento para o comércio; mas também os mais áridos – como o deserto da Austrália para os ingleses, o Saara para os franceses, e, no sul do continente africano, o Kalahari para os alemães. Eles

A colonização explicada a todos

também pretendem controlar todas as rotas que conduzem aos territórios dominados ou cobiçados. Para os ingleses, o caminho das Índias é sagrado, seja pelo Cabo ou por Suez (o canal é inaugurado em 1869), com todas as escalas até Aden. O mesmo acontece com os russos: a construção da Transiberiana, a partir de 1891, é certamente motivada pelo poder.

É preciso observar que, no século XIX, essa ambição imperialista não é, de maneira nenhuma, um monopólio da Europa. No Japão, o projeto de constituir um império nos moldes europeus segue-se à restauração Meiji, na segunda metade do século.

– *Quem são os conquistadores dessa segunda colonização?*

– Eles não têm nada a ver com os da primeira colonização, que eram aventureiros em busca de riquezas. Eles se consideram os heróis solitários da missão da Europa, que os tira da vida medíocre que teriam levado na metrópole. Em primeiro lugar Bonaparte, que, com um exército de sábios, quer civilizar o Egito em 1798. Seus motivos são altruístas: a maioria deles (Bugeaud, Brazza, Stanley, Laperrine, Lyautey, Gallieni) é de origem abastada; são filhos de oficiais, de advogados, de médicos, proveniente de famílias nobres – Faidherbe e Pavie constituem as exceções. Todos escreveram ou realizaram pesquisas sobre as sociedades que vão explorar. São pessoas cultas. Auguste Pavie é um etnólogo, Cecil Rhodes vai para a guerra levando Aristóteles e Marco Aurélio em seu equipamento, Lyautey leva uma biblioteca inteira na bagagem (Baudelaire, Barrès, Bourget)...

– Como aconteceu a conquista da Argélia?

– É Carlos X (1824-1830) que ordena a conquista desse país em 1830, aproveitando-se de um pretexto – uma bofetada que o dei[5] desfere no cônsul da França. A resistência árabe se organiza no oeste do país em torno de Abd el-Kader, e a França tem de se contentar com uma "ocupação limitada". A guerra recomeça em 1836, com a chegada do general Bugeaud. Em troca de uma disciplina rigorosa, esse monarquista legitimista permite que seus homens saqueiem, violem, se divirtam... E, no combate, ele nunca os abandona. Em 1842, ele incendeia toda a Cabília,

---

5 Título dado aos chefes militares pelos mouros, após a conquista de Argel e Túnis no século XVI. (N. T.)

entre Miliana e Cherchell. "Nós não combatemos, nós incendiamos", escreve Saint-Arnaud, que integra o exército conquistador: "Devastamos, saqueamos e destruímos as casas". Em 1845, Bugeaud respalda com sua autoridade o coronel Pelissier, que sufoca com fumaça mil civis nas grutas de Dahra.

O projeto é transformar a Argélia numa colônia de povoamento. E, de fato, ali aportam mais de 40 mil colonos – proscritos, a partir de 1849, e refugiados da Alsácia, depois de 1871, o que permitirá que os colonos se considerem vítimas. Abd el-Kader, por sua vez, declara ao seu vencedor: "Um dia seremos nós que estaremos em Marselha".

– *Nisso tudo, porém, não se trata de exploração econômica…*

– De fato, a conquista e a colonização da Argélia pertencem a um modelo antigo, pré--imperialista, por assim dizer. Elas se tornam imperialistas quando os capitais franceses começam a investir no país, a partir dos anos 1870, e o protecionismo implantado garante seus lucros.

Em compensação, na Tunísia as ambições imperialistas se manifestam abertamente. Jules Ferry justifica que a França deseja dispor das matérias-primas – os fosfatos – e dos mercados – a população árabe. Ora, a Itália e a Grã-Bretanha empregam o mesmo discurso para satisfazer necessidades idênticas.

A rivalidade das potências é, nesse caso, particularmente acirrada. O método consiste em obter concessões de obras públicas e deixar que o bei de Túnis – o soberano – contraia empréstimos que, um dia, não conseguirá reembolsar: um método que funcionou no Egito para os britânicos, que dessa forma assumiram o controle do país em 1882.

Uma intervenção militar francesa termina finalmente no reconhecimento de um protetorado em 1881, obtido sem muitas vítimas. Esse protetorado francês não depende do Ministério da Marinha, e sim do Ministério das Relações Exteriores: mantém-se assim a ficção de que a Tunísia, que conserva sua autonomia interna, continua sendo um Estado estrangeiro...

O mesmo processo dá início à anexação do Marrocos. Tudo começa com provocações na fronteira. Em seguida, uma crise violenta explode entre a França e a Alemanha, que, em 1911, coloca uma canhoneira diante de Agadir, para demonstrar sua decisão de partir para o confronto. A prova de força se resolve com a devolução ao Kaiser de parte de Camarões. Em 1912, o sultão decide assinar um tratado de protetorado que põe seu país sob a tutela francesa. Porém, violentas revoltas explodem em Fez.

– *Essas revoltas marroquinas também são reprimidas por meio de massacres, como na Argélia?*

– Quem se encontra no comando no Marrocos é Lyautey, no cargo de representante do governo francês. Ora, esse monarquista convicto age de maneira exatamente contrária à do general Bugeaud, outro realista. Ele julga que é preciso mostrar força, mas combater o menos possível. Ele declara aos colonos que, por causa dos tratados, não é possível derrubar o governo, mas que também não se deve fazê-lo: ao contrário, ele quer reabilitar o prestígio do sultão e fortalecer seu poder em face da desordem. Essa obra de restauração – que ele preferiria realizar na França… – vem acompanhada de uma ajuda concedida ao islã, mas também de uma promessa feita às tribos berberes de que seus costumes serão protegidos.

Essa política conservadora só faz sentido se for acompanhada da modernidade: Lyautey deseja desenvolver a medicina e o ensino.

Ele considera que a prosperidade conquistará a população para o princípio do protetorado, que poderia, assim, tornar-se uma solução definitiva.

– *O projeto marroquino de Lyautey vai ter êxito?*

– As coisas não são tão simples assim... Em Paris, o Departamento Árabe (encarregado das questões políticas do Magrebe) trava as ações desse *condottiere*, cujo gosto pelo luxo e a homossexualidade escandalizam. Na verdade, a esquerda desconfia do procônsul, e a direita considera que ele persegue os colonos enquanto protege o sultão. Quanto ao sultão, ele aprecia esse incentivo à sua autoridade, o respeito pela identidade marroquina, mas enxerga nisso sobretudo o meio de se livrar um dia do ocupante... Finalmente, o levante de Abd el-Krim contra os espanhóis em 1921, a guerra do Rif e o contágio que ela provoca pegam no contrapé tanto o sultão como Lyautey. Seguem-se a repressão e a saída de Lyautey.

– *E quando começou a colonização francesa da África?*

– Ela começa em meados do século XVII, no Senegal, e, no século XIX, seu verdadeiro fundador foi Faidherbe. Republicano no governo de Luís Felipe, republicano durante a Revolução de 1848, republicano no Segundo Império, esse general participou da conquista da Argélia, mas alimentando, sempre que possível, o projeto de civilização que a colonização deveria promover. Politécnico, oficial pobre, amigo de Schoelcher (que, em 1848, ratificou o decreto sobre a abolição da escravidão), próximo dos meios franco-maçons, ele é membro da Sociedade dos Amigos dos Negros. Essa associação foi criada em 1788 para promover a igualdade entre brancos e não brancos: ela julga que a presença francesa no Senegal poderia dar lugar a um tipo de colonização não mais baseado na escravidão, mas no trabalho livre dos nativos.

Com relação ao colonizado, a ação de Faidherbe visa aquele que se encontra "assimilado sem estar assimilado", uma expressão que será retomada por Léopold Sédar Senghor, futuro presidente do Senegal. Governador do Senegal a partir de 1854, Faidherbe se considera investido da missão de instaurar a liberdade. Fazer dos senegaleses franceses não brancos; fazer da França, ela própria regenerada depois da derrota de 1871 graças à colonização, a nação que regenera os povos negros da África depois da abolição da escravidão. De todos os conquistadores, Faidherbe é, sem dúvida, aquele que, com relação às ideias de seu tempo, se esforça com mais retidão a conduzir uma política em concordância com os valores da República.

Porém, como governador ele se choca com dois obstáculos. Em primeiro lugar, depois de ter garantido a segurança dos comerciantes por meio da construção de um grande número de fortins, ele enfrenta o expansionismo rival de El-Hadj Omar, *toucouler*[6] de uma família importante que, até 1864, transmite, a partir de Meca e do Sudão, um sentido de guerra santa à luta contra os europeus. O segundo obstáculo são os próprios colonos, que desejam transformar o Senegal numa colônia de plantação. Eles pretendem fazer que os negros trabalhem na produção de pistache, de borracha e, sobretudo, de amendoim, que logo se torna o principal produto da colônia. Eles não gostam muito da política assimilacionista de Faidherbe e estão pouco inclinados a aceitar que, com a aplicação efetiva do Código Civil, negros e brancos possam

---

6 Subgrupo populacional dos fulas, povo muçulmano que habita principalmente a África Ocidental. (N. T.)

passar a ser iguais perante a lei e que um nativo, Blaise Diagne, tenha podido ser eleito deputado (1914).

– *Quais são os projetos das outras potências europeias na África?*

– Até então, a África só interessou à Europa por suas costas, que, antes da construção do Canal de Suez, constituem etapas no caminho para as Índias e a China. A descoberta de diamantes no Transvaal em 1867, de ouro no Rand, em 1881, e de cobre na Rodésia despertam novos apetites. Os britânicos já têm um pé no Egito, no sultanato de Zanzibar e na África do Sul. Suas ambições são, antes de mais nada, econômicas. Os mercadores e negociantes encontram-se, portanto, na linha de frente, sabendo que poderão contar, se necessário, com o apoio dos militares. Podemos acompanhar, assim, a prodigiosa aventura de Cecil Rhodes na África do Sul.

– *Quem é Cecil Rhodes?*

– Entre os construtores de império, ele é aquele que formula o projeto mais grandioso. Para pôr "fim a todas as guerras", ele se propõe, na verdade, a colocar "a maior parte do mundo" sob a lei britânica. A primeira etapa deve ser a sujeição da África à civilização anglo-saxônica. Ao que se seguiria a ocupação da América do Sul, da Terra Santa etc., até dos Estados Unidos, transformados novamente em parte integrante do Império Britânico e que disporiam de uma representação no Parlamento imperial...

Esse filho de pastor, de família numerosa, proprietário de plantações de algodão, enriquece com as minas de diamante e, posteriormente, com as minas de ouro da África do Sul, não tardando em assumir o controle de 90% das minas de diamante do mundo. A partir de então, ele pode se dedicar ao seu programa de conquistas territoriais; são as terras o que ele quer acumular. "Sinceramente, não vamos deixar a África para os pigmeus enquanto uma raça superior se multiplica." Prisões arbitrárias, provocações destinadas a justificar a guerra, assassinato de carteiros e mensageiros são os procedimentos habituais da *"Chartered Gang"*,[7] apelido dado à British South Africa Company.[8] Nos anos 1890, Londres concede a Cecil Rhodes todos os territórios da futura Rodésia, tendo

---

7 Gangue profissional (em inglês no original). (N. T.)
8 Companhia da África do Sul Britânica (em inglês no original). (N. T.)

Bulawayo como sua capital. Em 1895, ele tenta um golpe de força no Transvaal, que se encontra sob o controle dos bôeres (descendentes dos colonos holandeses), que fracassa de forma lamentável. Esse fracasso não o desanima. O homem de negócios então realiza parcialmente o seu projeto de ferrovia do Cabo ao Cairo, ligando o Cabo a Bulawayo… Sobretudo para se vingar dos bôeres, ele se transforma em defensor dos negros, proclamando "a igualdade de direitos para todo homem civilizado… branco ou negro, contanto que ele tenha uma instrução suficiente, que tenha uma propriedade ou uma profissão, em poucas palavras, que não seja um indolente".

– Trata-se, assim, para as potências europeias, de ocupar o máximo de territórios possíveis na África?

– Sim, e a Conferência de Berlim, em 1884-1885, permite que se decida sobre a partilha. Senhor da diplomacia europeia desde a derrota da França em 1871, Bismarck pretende dividir a África em zonas de influência. Nessa época, ele mesmo se desinteressa da questão colonial, mas posa de grande árbitro entre as potências. De fato, a conferência reconhece o "Estado independente do Congo" (propriedade particular do rei belga Leopoldo II, que inclui nele Catanga), afirma os direitos do livre comércio e define determinadas regras a seguir em caso de anexação. Também se proíbe o tráfico de negros, algo a que todos os países, na prática, já tinham renunciado. O principal beneficiário da conferência é, certamente, Leopoldo.

Nos anos seguintes, as potências se lançam sobre o continente africano, concluindo entre si acordos de delimitação de fronteiras cujos traçados sobreviveram até depois da independência dos países africanos, um século mais tarde. A Grã-Bretanha assina um acordo com Portugal, 25 com a Alemanha, 149 com a França... Dessa forma, contrariamente ao que é comum se pensar, a África não foi partilhada entre os europeus durante a Conferência de Berlim, mas esta permitiu que os sonhos de conquista se tornassem realidade.

Embora a África pareça aos europeus a presa mais fácil de digerir, no final do século XIX seu apetite diz respeito a todas as regiões do mundo: a Ásia Central, sujeita à pressão russa, encontra-se em observação, exatamente como o Império Otomano, cadáver a ser dividido, enquanto a partilha da China está na ordem do dia, ao menos em copropriedade.

– *Porque a Rússia também tem, então, ambições imperialistas?*

– Na origem da pressão russa encontra-se a anexação da Geórgia, em 1801, pelo czar, enquanto só havia sido pedida sua proteção. Depois de uma guerra contra o Império Otomano (1828-1829), a Rússia toma posse de um pedaço da Armênia persa e depois da Armênia turca. Quando os russos querem se apoderar da Abecásia, nas margens do Mar Negro, a resistência do imã Chamil, a partir de 1830, alerta o Ocidente. Os liberais da França e da Inglaterra temem a ampliação daquela potência "inimiga da liberdade" – no momento em que a primeira ocupa a Argélia e a segunda, ampliando o império das Índias, conquista o Baluquistão, na fronteira entre o Paquistão e o Afeganistão de hoje... Deixando os direitos dos povos e a solidariedade cristã de lado, a França e a Inglaterra apoiam o Império Otomano contra o império dos czares por ocasião da Guerra da Crimeia (1853-1856).

Na segunda metade do século XIX, o czar, temendo um retorno ofensivo do Império Otomano na direção da Ásia Central, ocupa os atuais Uzbequistão e Tajiquistão, enquanto os ingleses, depois do Balusquistão, tomam Cabul. Às portas da Índia, a rivalidade anglo-russa torna-se um dos principais objetivos da concorrência imperial. Aliada das duas potências, a França intercede, e algumas décadas mais tarde, em 1907, russos e ingleses dividem a Pérsia em duas zonas de influência.

O czar Nicolau II (1894-1917), pouco interessado nas questões internas, também tem ambições imperialistas. Sua ideia é, por um lado, ocupar Constantinopla – que ele chama de "Czargrado"... –, e, por outro, a Manchúria e o Tibete, tornando-se assim "o almirante do Pacífico". Converter esses povos pela força, se necessário, "não é fazer a guerra", muito menos com o Japão, "esse país de macacos" que ele abomina. Plehve, seu ministro do Interior, julga que "uma boa guerra limitada" poderia melhorar o clima interno, no momento em que a voz dos revolucionários aumenta de intensidade.

– *Você também mencionou o Império Otomano...*

– No século XIX, o objetivo das potências ocidentais é desmembrá-lo, incentivando a emancipação dos povos que o compõem. Foi a Rússia que lançou o grande assalto para garantir o controle do Mar Negro, antecâmara do Mediterrâneo. Em 1774, Catarina II (1742-1796) "libertou" a Crimeia, que, independente, foi em seguida anexada à Rússia (cenário reproduzido por Putin em 2014). O Império Otomano é, então, um "homem doente". De resto, o sultão não intervém quando a França ocupa Argel em 1830, seguido da Argélia; tampouco quando ela invade a Tunísia. Paralelamente, a leste do império, enquanto armênios e curdos reclamam sua independência, os árabes também se agitam, apoiados pela França e pela Inglaterra.

Do Império Otomano sairão colônias de povoamento (Argélia, Tripolitânia, Líbia), países independentes que continuaram como tais (Grécia, Bulgária, Sérvia, Albânia), outros que se tornaram protetorados (Egito, Tunísia) ou, mais tarde ainda, sob mandato (Síria, Líbano, Jordânia, Iraque).

A França, a Grã-Bretanha e a Itália dividem entre si uma parte do império, mas os alemães as substituem por uma nova forma de ingerência, econômica e técnica, sem colônias nem bandeiras. Eles treinam o exército turco, constroem a ferrovia Berlim-Bagdá e dão seu apoio a um panturquismo que visa a Ásia Central e a Pérsia. Essa solidariedade deixou uma herança, expressa na importante minoria turca que reside hoje na Alemanha: ela é, à sua maneira, o equivalente da minoria magrebina na França.

Graças à Primeira Guerra Mundial, teve início finalmente um desmembramento irreversível, com os acordos Sykes-Picot de 1916, que delimitam as zonas de influência de franceses e britânicos no Oriente Médio; além disso, os primeiros administram diretamente as regiões litorâneas da Síria e da Cilícia, e os últimos, o sul do Iraque (a fronteira entre a Síria e o Iraque data da Conferência de San Remo, em 1920, contrariamente ao que afirma o Daech, o Estado Islâmico, que em junho de 2014 se vangloriou de ter apagado, por meio de sua ofensiva, a "fronteira Sykes-Picot"). Em 1917, o Tratado de Saint Jean de Maurinne deve assegurar a independência do Curdistão e da Armênia – promessas esquecidas no Tratado de Lausanne, em 1923. Precisamente cinquenta anos depois surge um terrorismo armênio para lembrar esses compromissos não mantidos.

A Arábia só se tornou soberana em 1932, enquanto o Iêmen continuou insubmisso. Só a Armênia (amputada do que se torna, em 1920, a pequena República Soviética da Armênia) e o Curdistão continuaram sob o

A colonização explicada a todos

domínio dos turcos, cuja república substitui o Império Otomano no final da Grande Guerra.

– *E no Extremo Oriente, é a China que desperta os apetites?*

– A partir dos anos 1840, ingleses, russos, franceses e japoneses obrigam a China, enfraquecida internamente, a aceitar toda uma série de tratados que legitimam a presença estrangeira em seu solo e o acesso a seus mercados. Ela tem de abandonar simultaneamente concessões (Hong Kong, onze portos etc.) e o domínio de seus Estados vassalos (Anam, Birmânia). Em 1895, é o Japão que entra em cena: a China tem de renunciar, em favor dele, a qualquer influência na Coreia, além de ceder Formosa (hoje Taiwan) e a península de Lia-Toung com Port Arthur, via de saída da Manchúria. Esse acordo preocupa o governo russo, pois ameaça o projeto da Transiberiana, que deve justamente terminar em Port Arthur. O czar está pronto a intervir. Finalmente, depois da intercessão das potências, o Japão abandona Port Arthur.

Tóquio tampouco pretende deixar o czar estender suas ambições no Extremo Oriente. Em 1904, o Japão ataca de surpresa a frota russa ancorada em Port Arthur e a destrói. Nicolau II, seus generais e seus almirantes subestimaram o poderio militar nipônico; depois de várias derrotas, eles assinam a paz de Portsmouth – os Estados Unidos desempenham o papel de intermediário. A Rússia reconhece a soberania do Japão sobre a Coreia; Port Arthur volta a ser uma base japonesa; Tóquio anexa a parte sul da ilha Sacalina – que a URSS irá recuperar em 1945.

Pela primeira vez na história um grande país de "raça branca" é derrotado por um povo não branco. A repercussão é enorme em todo o mundo colonizado.

– Você acabou de mencionar a intervenção dos Estados Unidos. Pode-se falar, no século XIX, de imperialismo americano? Não é paradoxal para uma antiga colônia emancipada?

– Certamente! Evocar o imperialismo americano é, para eles, um sacrilégio. Os Estados Unidos identificam-se naturalmente com o Império do Bem, tendo Deus como copiloto. Mas tampouco deveríamos esquecê-los nessa visão panorâmica.

Lembremos que, de acordo com a Doutrina Monroe, de 1823, o governo americano protegeu o continente contra a volta dos

A colonização explicada a todos

europeus, declarando a inviolabilidade do território das Américas; ele expulsou a Espanha dos países que ela ainda controlava depois dos movimentos de independência do começo do século XIX. Em 1918, em sua Declaração dos Catorze Pontos, o presidente Wilson recordou os direitos dos povos de dispor de si mesmos, enchendo os colonizados de esperança. Em 1956, em Suez, os Estados Unidos provocaram o fracasso da tentativa franco-inglesa de se implantar ainda mais no Egito; eles empurraram franceses e ingleses para a descolonização.

No entanto, essa política que se dizia anticolonialista, e que era vista como tal pelos colonizados, tinha, de fato, motivações diferentes: algumas de conquista e expansão, bastante semelhantes às das outras potências coloniais ou imperialistas; outras oriundas da concepção que os dirigentes americanos tinham da defesa de sua soberania.

Não podemos associar ao imperialismo as operações a seguir?

– em 1848, anexação, por meio da guerra, de várias províncias do México, que se tornaram os estados do Arizona, da Califórnia, do Novo México e do Texas;

– em 1867, compra do Alasca da Rússia e sua anexação sem consultar a população;

– em 1898-1899, anexação armada do Havaí, conquista das Filipinas (que se tornaram independentes em 1946) e de Porto Rico, tomado dos espanhóis;

– em 1903, reconhecimento de uma República do Panamá, que os Estados Unidos ajudam a criar às custas da Colômbia e cuja "independência" (sic) eles garantem;

– em 1915, invasão do Haiti, e, em 1983, de Granada.

Além disso, é em nome de sua soberania que os Estados Unidos mantêm o controle das matérias-primas e dos mercados no novo contexto da Guerra Fria, depois da Segunda Guerra Mundial. O diplomata, em 1948, George Kennan justifica assim essa postura:

> Com apenas 6,3% da população mundial [...], nós representamos cerca de 50% da riqueza do mundo todo [...]. Nessa situação, é impossível não despertar inveja e ressentimento... [...] Nossa principal tarefa nos próximos anos é implantar um sistema de relações internacionais que nos permita manter esse desequilíbrio [...]. Não devemos nos enganar imaginando que hoje podemos nos permitir o luxo do altruísmo e da

A colonização explicada a todos

caridade. Devemos parar de evocar princípios tão irrealistas e vagos como os direitos humanos, a melhora do nível de vida e a democratização. Não está longe o dia em que teremos de nos posicionar puramente em termos de relações de força. Então, quanto menos estivermos limitados por *slogans* idealistas, melhor.

De maneira ainda mais explícita, o ex-secretário de Estado Dean Acheson explica em 1962:

> A pertinência de uma resposta americana a um desafio lançado a seu poder, a sua posição e a seu prestígio não pode ser puramente legal.

Nesse meio tempo, em 1959, os dirigentes americanos ficaram traumatizados com o sucesso da revolução cubana conduzida por Fidel Castro – e quando ele não tinha, inicialmente, nenhuma cumplicidade com o comunismo ou com a URSS... Na América Latina, a defesa dos interesses americanos se concretiza, ao mesmo tempo, por meio da ajuda econômica, através da "Aliança Para o Progresso", no governo Kennedy, e do apoio ativo da CIA aos regimes "fortes", desde a Guatemala, em 1954, até o Chile, em 1973, sem esquecer a Nicarágua. Sejam quais forem as motivações, trata-se certamente de uma nova forma de imperialismo. E as novas gerações de revolucionários de todo o mundo não cessaram de denunciá-la desde os anos 1960 e 1970.

4
Indigenização, ocidentalização e coabitação

— Como você disse e mostrou, a colonização provocou um trauma nos povos que a ela foram submetidos. Porém, inversamente, os colonos não foram transformados pelo contato com os povos que eles dominavam?

– Com certeza. Um fenômeno menos visível se insinuou nos interstícios da "grande história" da colonização: o que poderíamos chamar de "indigenização" dos colonizadores. Aqui ínfima, ali significativa, ela acabou até invertendo o sentido da aculturação.

Desde o início da colonização, os conquistadores espanhóis e portugueses na América do Sul temeram essa indigenização, que lhes parecia uma "contaminação" pelos povos dominados. Sim, eles se apoderavam de suas terras, obrigavam-nos a fugir, ridicularizavam suas crenças, subvertiam seus costumes. Mas eles também se apropriavam de suas mulheres, adotavam parte de sua cultura, de seus costumes, de sua língua. Mais que os efeitos da resistência à colonização, as autoridades temiam a mestiçagem.

No início do século XVII, na região do Ceará, no Brasil, Martim Soares Moreno comunica à Coroa que "há dez ou doze homens casados com índias ou mestiças, com muitos filhos...". Ele explica: "Os soldados devem se casar, isso garante a segurança... Convém enviar alguns objetos do culto católico; sem essas coisas viveríamos como os índios". A religião aparece, assim, como uma barreira contra a indigenização *completa*. Moreno teme que os luso-brasileiros se tornem selvagens.

– *Aconteceu essa "contaminação" dos colonos?*

– Ao pedir, em seu testamento de 1547, que, se viesse a morrer na Espanha, seus restos fossem levados ao México e enterrados no mosteiro das religiosas franciscanas da Conceição, na cidade de Coyoacán, Fernando

A colonização explicada a todos

Cortez é o primeiro espanhol a considerar que sua verdadeira pátria é o México.

Essa identificação com uma terra diferente da de seus ancestrais constitui o primeiro sinal de um distanciamento que vai aumentar entre os metropolitanos e os crioulos, espanhóis de origem instalados nas colônias. Entre estes, a impregnação do meio e de sua cultura ocorre de forma imperceptível e não necessariamente assumida.

Por toda parte, os modos de vida dos índios "contaminam" os espanhóis. O uso tradicional do tempo se vê premido por hábitos novos. Assim, desde o século XVIII já se percebe que o crioulo come durante quase todo o dia: toma chocolate de manhã, almoça às nove horas, come alguma coisa às onze, e logo depois do meio-dia faz uma refeição; depois da sesta, toma chocolate novamente e janta mais tarde. Ele vive de frutas, legumes e produtos frescos. Sua existência se insere no presente, no tempo curto, não no tempo longo, como é o caso de seu primo espanhol.

Sua roupa revela um pertencimento social e étnico. Enquanto a maioria dos índios anda nua, e os negros e mulatos livres, quando dispõem de recursos, apreciam os adereços suntuosos, o espanhol gosta de andar armado e de usar joias. Esse luxo ostentatório também é uma reprodução das cortes asteca e inca. Assim, nas Américas, o crioulo se diferencia aos poucos do metropolitano – especialmente pela roupa –, tanto por características que sua condição exige como por empréstimos tomados à civilização dos "vencidos" (Solange Alberro).

A interpenetração dos costumes é tal que não tarda para que o espanhol perceba nos crioulos as características que ele reservava aos índios. Ele reveste aqueles de todos os defeitos destes: ociosidade, displicência, inércia, luxúria, inclinação para a mentira e para a superstição, contrária à verdadeira religião...

– *É possível calcular a amplitude das uniões mistas?*

– Cortez só aceitou assentar do outro lado do Atlântico 2 mil imigrantes vindos de Castela com a condição de que suas esposas se juntassem a eles dentro do prazo de dezoito meses. Em 1514, em Hispaniola, 64 homens em 684 já haviam se casado com índias. Finalmente, o concubinato torna-se um hábito, fazendo com que nasça uma grande quantidade de mestiços. No Peru, por volta de 1570, os "mestiços de ocasião" (se posso definir assim

A colonização explicada a todos

as crianças nascidas de uniões fugazes) são 100 mil contra 38 mil brancos. De sorte que eles logo são rejeitados tanto pelos crioulos como pelos índios, não podendo portar armas europeias nem ter acesso ao sacerdócio.

A chegada dos escravos africanos a partir do início do século XVI amplia ainda mais o número de uniões e mestiçagens. As categorias – conhecidas como castas – se multiplicam, ao mesmo tempo que as estratégias matrimoniais para que o(a) herdeiro(a) se case com alguém mais claro, de pele menos escura – a principal preocupação das famílias, já que a posição na escala social é determinada antes de mais nada pela cor da pele.

No Brasil, só os homens portugueses vêm se instalar. Concubinagens e casamentos inter-raciais permitem, portanto, a inserção dos mestiços na sociedade colonial. Deslumbrados com a beleza das mulheres índias, os portugueses do Brasil já estão profundamente mestiçados quando a amante de cor negra assume o lugar da índia, incorporando aos hábitos dos portugueses inúmeros traços culturais africanos. É preciso observar que, uma vez passadas as independências dos colonos, que, no entanto, eram hostis às populações autóctones, essa mestiçagem atenuou um pouco a violência dos conflitos, em comparação com outros territórios colonizados.

O grande escritor Gilberto Freyre valorizou, em seu livro *Casa-grande e senzala* (1933), a contribuição dos negros à cultura brasileira, concluindo que a mestiçagem foi a grande sorte desse país. Longe de ser uma vergonha, ela é o prenúncio de uma fusão de raças, como ainda se dizia, única capaz de assegurar o futuro da humanidade. E ninguém duvida de que a mistura brasileira de raças, autêntica desde o início, tem poucos equivalentes no mundo. No entanto, não se pode negar que no Parlamento brasileiro é possível contar hoje nos dedos das mãos o número de assentos ocupados por negros...

– Aliás, o que aconteceu com a indigenização, as uniões mistas e as mestiçagens?

– Elas estão longe de representar, por toda parte, uma característica da colonização. Na Índia, a própria ideia de indigenização nem passaria pela cabeça dos ingleses. A romancista britânica do final do século XIX Flora Annie Steel explica que conhecer a Índia é perigoso, indecente e até mesmo cômico.

Pela leitura de Flora Annie Steel ou de seu contemporâneo Rudyard Kipling, o célebre autor de *O livro da selva*, a Índia se divide, aos olhos dos ingleses, em partes iguais: os tigres, a selva, os bailes, o cólera e os cipaios (soldados nativos do exército britânico). O indiano encarna o inverso de tudo que define o verdadeiro inglês: o sangue-frio, o humor, o senso de honra, o espírito esportivo. Qualquer troca, qualquer mistura, só pode corrompê-lo. Em 1791, os mestiços foram excluídos do direito de exercer funções dentro da Companhia das Índias Orientais. A razão invocada é que os indianos desprezam esses eurasianos, chamados de *half-breed* ("mestiço"), depois "chichis", "indo-europeus" e, por fim, "anglo-indianos". Na verdade, os diretores da Companhia, de hábitos aristocráticos, têm dificuldade de aceitar que um mestiço possa ter acesso a funções importantes.

Mas essas medidas não levam em conta a atração que as mulheres indianas exercem – e mais ainda as birmanesas. As relações fora do casamento aumentam impunemente. Lorde Curzon, governador-geral das Índias entre 1899 e 1905, pode muito ameaçar a carreira dos seus compatriotas que se casarem com mulheres nativas; o mesmo acontece com aqueles que exibem suas amantes em todas as situações – por volta de 1950, os eurasianos não são menos de 112 mil para 80-100 mil ingleses. Essa comunidade ocidentaliza-se através da roupa, parte das refeições – sobretudo o *breakfast* – e a educação. Muitos anglo-indianos ingressam nos correios e nas ferrovias.

A partir do final do século XIX, o que vai dividir definitivamente as duas sociedade é a chegada em maior número de esposas inglesas, que substituem os bailes e as *"parties"*[9] em torno das *nautch girls* (as cortesãs indianas) e anglicizam os *"homes"*.[10]

Quanto à indigenização dos ingleses, um ditado resume os limites dela: "O lorde chega de sandálias à varanda de seu bangalô, abre o cardigã de seda e bebe uma xícara de chá".

– E nas colônias francesas? Você foi professor em Orã entre 1948 e 1957. Como era a convivência na Argélia?

– Na Argélia, por volta de 1950, havia quinhentos casais mistos para uma população de 900 mil europeus! O que caracterizava ali a colonização francesa era a recusa coletiva,

---

9 Festas (em inglês no original). (N. T.)
10 Lares (em inglês no original). (N. T.)

e compartilhada, de uma mistura entre as comunidades.

Em Orã, tudo era compartimentado. Havia o "bairro árabe" – conhecido como "bairro negro"; o "bairro judeu", onde sobrevivia uma minoria de judeus tradicionalistas; o "bairro do centro da cidade", com a rua Arzew dominada pelos *pieds-noirs*;[11] o "bairro espanhol", próximo ao porto. Jamais se veria um europeu e um árabe sentados no mesmo terraço de café; tampouco um judeu e um não judeu na mesma quadra de tênis ou na mesma praia – Trouville para os não judeus, Bouisville para os judeus... *Pieds-noirs* e árabes não se frequentavam, nunca iam jantar um na casa do outro. Só se falavam nos locais de trabalho, seja numa relação de subordinação, na fazenda do colono, onde os árabes eram empregados ou domésticos, seja no contexto das relações entre iguais, no sindicato e no Ministério da Educação.

Uma solidariedade unia os europeus, que, em vista da obra que haviam realizado, se consideravam os únicos habitantes dignos desse nome. "Fomos nós que fizemos este

---

11 Descendentes de franceses nascidos na Argélia. (N. T.)

país." Aliás, será que os árabes tinham outro nome que não fosse Ahmed ou Fátima?

Os árabes reagiam ao racismo europeu e à segregação de que eram objeto recusando a permissão para que os europeus entrassem em "sua casa", rejeitando o ensino – laico, aliás – para suas filhas. Um islã difuso funcionava como uma fortaleza que permitia que as famílias escapassem da civilização francesa. Do lado muçulmano, havia um profundo ressentimento por não ter recebido nenhum reconhecimento, nenhuma gratidão por aqueles que tinham lutado pela França durante as duas guerras. Só um punhado deles havia sido recompensado pela obtenção da nacionalidade francesa integral.

"O senhor nos leva à estação", me dizia um aluno a propósito da escolarização, "nós nunca pegamos o trem." Assim, na Argélia, desde a adolescência, tudo era comandado pela relação entre as comunidades; ela estava presente no centro dos pensamentos, das práticas e maneiras de se comportar.

– *Uma separação propícia à cólera e à incompreensão?*

– A chegada maciça de colonos que haviam ocupado as melhores terras – ou as que se

A colonização explicada a todos

acreditava serem as melhores – e expulsado para outros lugares os "nativos", como se dizia no século XIX, foi o traço que caracterizou esse país desde o início. Essa despossessão, abrigada por trás de argumentos de natureza jurídica, foi sentida agudamente como uma injustiça, como um roubo que "aviltou" o colonizador. De sorte que o governo se tornou, aos olhos de alguns, uma "associação de malfeitores".

No Magrebe e na África negra, a quantidade de colonizadores em relação à das terras que eles possuem revela, mais que um longo discurso, a desapropriação que os "nativos" sofreram. Assim, por volta de 1950, na Argélia, 12% da população controla 34% da terra; no Zimbábue, 33% da população possui 50% da terra; na Namíbia, 10% da população, 59% da terra. Na África do Sul, os de origem europeia compõem 20% da população e possuem 87% da terra![12]

Voltemos à Argélia. A pedido de Pierre-René Wolf, diretor do diário *Paris Normadie*, escrevi em 1952 uma reportagem intitulada "Dois povos que se detestam e se adoram".

---

12 Bouda Etemad, *L'Héritage ambigu de la colonisation. Économiques, populations et sociétés*, Paris, Armand Colin, 2012.

Ela foi publicada antes de a guerra estourar. Quarenta anos depois, eu não renego o título. Os muçulmanos eram excluídos de qualquer responsabilidade política; a ideia mesma de que eles pudessem participar das decisões provocava desprezo ou cólera nos franceses da Argélia. "Se um único árabe entrar no conselho municipal, eu dou um tiro nele", me dizia meu mecânico em 1949. Isso não o impedia de dividir um prato de lentilhas na mesa com seus empregados árabes. Juntos, nós vaiávamos o time de futebol da Espanha quando ele se aventurava em Orã. Eleitor de esquerda, meu mecânico misturava, em suas declarações, um programa generoso e promessas de vingança.

De fato, uma hostilidade recíproca. De um lado, o desprezo pelos costumes nativos e o medo de que o domínio mudasse de lado; do outro, a esperança da soberania e o ressentimento contra o racismo. Não sobrava lugar para a indigenização.

Mesmo as maneiras de se situar na história eram distintas. Os europeus viviam num tempo estático, em que nada de fundamental deveria mudar. Os judeus queriam esquecer o passado, a época anterior ao decreto Crémieux que, em 1870, lhes havia concedido a nacionalidade francesa. Enquanto os árabes se projetavam num futuro vago, à espera da reforma de seu estatuto que eles não conseguiam visualizar. Tudo mudou com a criação da Frente de Libertação Nacional (FLN), em 1954, que proclamava como objetivo a soberania e a independência do país. A história começava a andar de novo.

O racismo é certamente o ambiente no qual germinou o problema argelino. Racismo cotidiano, colonialismo racista.

– *A mesma segregação imperava na Indochina?*

– As relações mistas eram numerosas. Ao contrário da *Travadja la Moukère,* refrão vulgar no qual o francês "corneia o árabe", *La Petite Tonkinoise* celebra a alegre popularidade desses encontros – nesse caso, idílicos.

Diferentemente da Argélia, a obra educativa realmente se desenvolveu na Indochina: nos anos 1940, havia mais de 700 mil crianças escolarizadas no primário e 6.550 no secundário – para apenas mil na Argélia. Também havia mais de 1.500 estudantes indochineses nas universidades metropolitanas: "eles vão nos deixar para trás", repetem, então, com preocupação os colonos – o que os franceses da Argélia não imaginavam em relação aos muçulmanos. Essa jovem elite vietnamita forneceu os quadros do movimento nacionalista. Sua hostilidade ao ocupante era clara.

– Em termos mais gerais, até que ponto as sociedades colonizadas foram ocidentalizadas? Os ocidentais tentaram realmente "civilizar" as colônias?

– Em primeiro lugar, a ocidentalização beneficiou os colonos, quer se trate de barragens, ferrovias para o transporte de minérios, estradas, indústria – nos lugares em que ela existiu –, construção de cidades etc. Na Argélia, só o Projeto de Constantine representou um grande esforço elaborado pela metrópole em favor dos nativos – em 1958, tarde demais, pois o país estava em guerra.

Encontramos por toda parte as mesmas figuras emblemáticas. O proprietário e sua plantação, de um lado, o administrador e o trabalho forçado, do outro, encarnam o sistema colonial – com exceção das antigas colônias francesas e da Argélia. Mas tem também o médico e seu hospital, o professor e sua escola, personificações da obra "civilizadora". Depois, como garantia da ordem e da manutenção das relações desiguais entre colonos e colonizados, a guarnição e a caserna.

A colonização explicada a todos

Com a colonização, novas atividades se desenvolvem. Finda a época da pilhagem e dos massacres aqui, de uma convivência ali, até mesmo de uma atenção prioritária às riquezas, sobretudo minerais – as minas de prata de Potosi, no Peru, ou, mais tarde, de fosfatos, na Tunísia –, a plantação se torna o núcleo da empresa colonial. Quer ela se chame *hacienda, estância* ou casa-grande, suas características se encontram quase por toda parte: controle da terra e da água, controle da mão de obra, introdução de plantas trazidas de outros lugares – a cana-de-açúcar asiática e o cafeeiro africano para as Américas, o cacaueiro, o tabaco e a seringueira americana para a África –, enfim, um direcionamento das culturas para a demanda europeia – o amendoim, especialmente na África Ocidental, a vinha e a alfa[13] na Argélia etc.

Por todo lado a paisagem é a mesma: no centro, a casa-grande do senhor, mais ao longe os casebres dos trabalhadores e suas culturas – batata, banana, mandioca, de acordo

---

13 Planta (*Stipa tenacissima*) da família das gramíneas, nativa da Espanha e da Argélia, de caules fibrosos, usada para fins medicinais e na fabricação de cestas, cordas, esteiras etc.; esparto. (N. T.)

com a origem destes, indígenas autóctones ou escravos. No Caribe, a América entra com a terra, e a África, com os trabalhadores. Ao longo do século XIX, os proprietários das plantações também trazem trabalhadores das Índias e da China (os *coolies*), cujo contrato os aproxima do trabalho forçado; por volta de 1950, existem mais asiáticos que africanos na Guiana Inglesa. Com o tempo, no século XIX, as plantações do Brasil e da América espanhola declinam, enquanto as da Ásia (Índia, Indonésia, Indochina) se tornam mais produtivas.

Na Indochina, as plantações e a exploração das minas estão localizadas na Cochinchina e em Tonquim: o país é representado por dois sacos de arroz ligados por um bastão, simbolizando Anam (ao passo que, antes da chegada dos franceses, era Anam que encarnava a economia, rica em razão da cana-de-açúcar, do tabaco, da seda e de um dinâmico artesanato). Essa separação entre as regiões outrora complementares constitui um dos elementos do ressentimento contra a presença francesa. Ainda mais que 45% da produção de arroz se encontra agora nas mãos dos europeus, e que a malária se espalha nas minas de

Tonquim, motivo de "um grande número de horas de trabalho perdidas"...

– *E a produtividade dos trabalhadores? É essa a preocupação principal dos europeus?*

– Certamente. O trabalho forçado é a segunda característica da ocidentalização, depois da plantação. É o caso, em particular, da África subsaariana, onde a partir dos anos 1880 o trabalho forçado ocupa o lugar da escravidão: mesmo sendo livres por direito, os trabalhadores são requisitados à força, em condições de rara brutalidade, para trabalhos não remunerados e frequentemente bastante penosos. O fenômeno é maciço e generalizado em todo o continente africano. Quando a demanda pelo marfim e a borracha explodem no final do século XIX, esse tipo de exploração é implantado de modo particularmente rígido no reino do Congo. Perde-se a conta do número de vilarejos despovoados; os trabalhadores às vezes são mandados a centenas de quilômetros de distância do seu lugar de nascimento. O administrador negocia com os potentados locais: são eles que organizam as marchas forçadas e o trabalho para que determinada estrada seja construída, para que certo trabalho de interesse econômico seja realizado.

– Mas você disse que os europeus também levaram hospitais e escolas para as colônias...

– Se o médico e o hospital encarnam, de fato, a obra civilizadora do Ocidente, não foi realmente assim no início. Isso porque a medicina se encontra a serviço do império. Ela lança uma cruzada contra o mosquito, depois contra os micróbios e os vírus. A que é conduzida contra a mosca tsé-tsé torna-se o "combate pela África".

Porém, até as descobertas de Pasteur, a medicina só obtém êxitos limitados, pois ela enfrenta a desconfiança dos nativos. No Magrebe, o quinino e as gotas de medicamento contra a malária e as doenças dos olhos são bem-aceitos, mas os árabes resistem à vacinação antivariólica, temendo os efeitos de um produto extraído da vaca ou que o sangue europeu se misture com o deles. Somente com o surgimento dos primeiros médicos árabes favoráveis à vacinação é que ela passa a ser aceita.

– E a escola?

– Na Argélia, por exemplo, com relação à escola primária, Fanny Colonna considera que, sim, ela está na origem da socialização, de uma tomada de consciência política que alimentou com ideias as elites e, mais particularmente, os professores de origem árabe ou berbere, que logo se tornam os "jovens argelinos" entusiasmados com a assimilação, como Ferhat Abbas: "A escola formou pessoas livres que se tornaram libertadoras". Em *La Dernière Image* [A última imagem], filmado em 1986, Mohammed Lakhdar-Hamina revive com ternura o amor de seus colegas de infância pela professora francesa e também pela escola, um espaço de liberdade e alegria.

Só que na Argélia o número de crianças muçulmanas escolarizadas era muito pequeno: menos de 6% em 1930, ou seja, um século depois da conquista, em cerca de 1.200 salas de aula franco-árabes.

A escola acentuou as desigualdades no interior da sociedade tradicional. Embora ela tenha recrutado 70% dos professores nativos cujos pais eram analfabetos, seus alunos raramente conseguiam prosseguir os estudos. Em 1945 havia apenas sessenta jovens muçulmanos no ensino secundário em Orã.

– E as mulheres, quais as consequências da colonização para a situação delas?

– Como vimos, especialmente no caso da Índia – embora aconteça o mesmo no Senegal ou no Caribe –, o concubinato é o modelo das relações entre os europeus e as mulheres nativas. As autoridades não o desaprovam, na medida em que ele estabiliza as relações entre as comunidades. Porém, aos poucos o movimento deixa de funcionar e o racismo assume o primeiro plano, ao passo que as igrejas favorecem o casamento, que permanece, na verdade, bastante minoritário.

Em termos mais gerais, a colonização ajuda a separar mais as esferas masculina e feminina, pois as plantações e as fábricas mobilizam mais homens que mulheres, que ficam relegadas a seu vilarejo ou a seus familiares. O colonizador participa dessa separação – afinal de contas, na Europa os direitos humanos não esqueceram os direitos da mulher?

De todo modo, é preciso ressaltar que, quanto mais o concubinato esteve presente, menos a violência colonial se espalhou.

– *Em suma, com a colonização, os territórios colonizados perderam sua identidade inicial, sem com isso se tornar "franceses", "ingleses" ou "portugueses"?*

– Nós nos encontramos aí no núcleo do processo de colonização. Nesse quadro geral, contudo, é preciso assinalar dois casos em que

A colonização explicada a todos

houve tentativas de superar essa situação: as colônias portuguesas e as Antilhas francesas.

Em primeiro lugar, Portugal. "Fomos os únicos, antes de todos os outros, a levar a ideia de direitos humanos e de igualdade social à África. Fomos os únicos a praticar o multirracismo, a mais perfeita expressão da fraternidade dos povos", afirma em 1967 Franco Nogueira, ministro das Relações Exteriores. Essa ideia não é nova. Desde o século XVII Portugal denomina de "colônias de ultramar" o que as outras metrópoles chamam de "colônias". O próprio termo "colônias" é abolido oficialmente em 1822, por ocasião da elaboração da Constituição. Portugal estende-se "do Minho [rio português] a Timor", e Angola é considerada tão portuguesa como o Algarve. Mas é só no Brasil que a tripla mestiçagem criou uma sociedade quase igualitária. Segundo um ditado, que revela os preconceitos raciais da época, "a índia tem três amantes: um índio, para criar a família; um europeu, pelo dinheiro; e um negro, pelo prazer".

– *E nas Antilhas francesas?*

– Pela Constituição de 1946, as Antilhas francesas – Martinica, Saint-Martin, Guadalupe e Saint-Barthélemy – tornam-se departamentos de ultramar. Como na Reunião (em 1946) e mais tarde em Mayotte (1974), seus habitantes preferiram, assim, a departamentalização à autonomia interna, contrariamente às Antilhas britânicas – Trinidad e Tobago, Barbados etc. – ou holandesas. Essa escolha não é condenada por três motivos. Primeiro porque reina ali uma mestiçagem muito antiga, e são os mulatos que entram em conflito com os negros, muitas vezes mais do que com os brancos. Em segundo lugar porque o exemplo da independência haitiana, memorável pela identidade desses antigos escravos que povoaram o Caribe, não tem a menor atração, pois esse país é, de longe, o mais miserável de todo o arquipélago. Finalmente, porque se essas ilhas extremamente francesas conquistassem a liberdade, elas cairiam sob o domínio dos Estados Unidos, como foi o caso de Porto Rico, Granada e Panamá. Houve uma ocupação americana do Haiti em 1915 que durou quase vinte anos: nem os haitianos nem os habitantes dos outros países caribenhos a esqueceram.

Na Nova Caledônia, o referendo de autodeterminação, prometido em 1988 na época de Michel Rocard, nunca foi realizado.

– É possível comparar a sovietização das repúblicas muçulmanas da URSS com a ocidentalização das colônias francesas, por exemplo?

– Sim, ao menos com a Argélia. A sovietização consegue um início de uniformização das condições, o que equivale a subverter as características específicas da identidade nacional. Mas ela encontra uma forte resistência da população: a recusa a falar russo no Tajiquistão e a diminuição do número de casamentos mistos em países islâmicos são os sinais mais visíveis dessa resistência. E mesmo que a maioria das mesquitas tenha sido fechada, o islã se perpetua secretamente, especialmente por ocasião das festas mais ou menos laicizadas. Mas a oposição entre as comunidades é menos acentuada que na Argélia, ainda mais que na URSS o regime estimula o crescimento de um aparelho de Estado nativo para administrar as questões locais, o que era impensável na Argélia.

5
Defesa e denúncia

– *Como a colonização é percebida nas metrópoles?*

– Romances, depois filmes, que atingem um público bastante amplo e o influenciam com seu cunho ideológico, divulgam a lenda cor-de-rosa da colonização. Desde o século XVIII, *Robinson Crusoé*, de Daniel Defoe, perpetua o mito do "bom selvagem" que o navegador perdido civiliza. Fenimore Cooper e Joseph Conrad prosseguem nesse filão, situando na maioria das vezes as façanhas de seus aventureiros, os novos heróis, nas colônias. E depois temos Júlio Verne, certamente, cujas obras estão entre as mais traduzidas da história.

Thalcave, o guia mapuche de *Os filhos do capitão Grant* (1868) é, no sul do Chile, o protótipo no bom selvagem: "sério e imóvel, naturalmente amável, com sua altivez irreverente, sua discrição, sua dedicação, sua intimidade inata com o mundo da natureza". Inversamente, os "maus selvagens", essas "feras com cara de gente", são encontrados frequentemente na África negra e no país dos "tártaros". Quanto ao capitão Nemo, encarnação da revolta contra os senhores do mundo, ele se considera indiano das Índias, consequentemente, anti-inglês, como o são os heróis de *A casa a vapor* (1880), ou ainda os maoris da Nova Zelândia, esses "homens altivos que resistem passo a passo aos invasores". A crítica ao modelo inglês de colonização situa-se no centro da obra de Júlio Verne.

– Júlio Verne defende o princípio da colonização ao mesmo tempo que critica o modelo britânico?

– A ideia de progresso vence qualquer outra consideração. O direito dos povos só existe na medida em que eles participam da civilização. "É a lei do progresso – os índios desaparecerão. Diante da raça anglo-saxônica, australianos e tasmanianos evaporaram. Um dia, talvez os árabes sejam dizimados diante da colonização francesa", escreve ele em *A jangada*, em 1881.

Na verdade, são sentimentos que Júlio Verne atribui aos ingleses, mas que são compartilhados pela França, especialmente a ideia de que alguns negros são animais. Para nos convencermos disso, leiamos novamente o crítico literário Jules Lemaître em 1887, fazendo alusão ao que se conhece hoje como "zoológicos humanos", as exibições na metrópole de "povos exóticos", que perduraram até a Exposição Colonial de 1931:

> Nesta semana não existe nenhum espetáculo novo. Só temos os axântis, no Jardim de Aclimatação. É um jardim encantador [...], as criancinhas se alegram por encontrar ali animais misteriosos mencionados nas histórias de viagens [...]. E, para que não fique faltando nada à festa, existe uma mostra de selvagens. Essas exposições não transmitem uma ideia altiva da humanidade [...]. Mas vocês me perguntarão, sem dúvida, o que é que essa gente veio fazer no mundo? – Ora, é preciso dizê-lo: os axântis existem para nos servir um dia.

À sua maneira, o cinema assumiu o lugar desses estereótipos racistas, com uma divulgação que rapidamente tornou universal. Desde seu surgimento, ele enraíza a postura colonialista.

– Por meio de quais diretores e de que filmes, por exemplo?

– É o caso, por exemplo, de Jean Renoir, na França, mesmo que ele desejasse muito esquecê-lo. Logo depois de ter realizado *A Marselhesa*, ele evoca, em 1938, suas lembranças em *Le Point*, deixando de mencionar *Le Bled*[14] (1929). Podemos imaginar os motivos de tal esquecimento: encomendado pelo governo-geral para comemorar o centenário da tomada de Argel, o filme se inicia com uma apologia da conquista; ele foi considerado uma "propaganda colonial útil" (*Afrique française*, maio de 1929)... Na verdade, o que choca nesse retrato da Argélia francesa é que quase não se veem árabes.

Eles também não aparecem em *O grande jogo*, de Jacques Feyder, realizado em 1934. Sim, a Casbah é mostrada em *Pépé le Moko* (1937), assim como o *bled* em *La bandera* (1935), mas não passa de uma cena. "Filmem as colônias, filtrem o colonialismo", escreve jocosamente Sylvie Dallet. A prostitu-

---

14 Palavra árabe que significa "país", "região". (N. T.)

ta árabe em *La Bandera* é interpretada por Viviane Romance. Os americanos fazem o mesmo: a jovem asiática de *Terra dos deuses* (1937) é interpretada por Luise Rainer.

– E sob que ângulo Hollywood apresenta a colonização britânica?

– Enquanto os filmes franceses põem em cena párias sociais que buscam a redenção na colônia, e os locais favoritos de Duvivier e Feyder são as casas de jogos clandestinas e os bordéis, os filmes americanos em honra do Império Britânico mostram a fina flor da juventude recém-saída de Oxford ou Cambridge, com uma predileção pelos bailes do governador, os clubes e as caçadas. É o caso, por exemplo, dos filmes de Henry Hathaway e Michael Curtiz.

O exercício do poder baseia-se no consentimento dos súditos que aceitam as leis britânicas, ao passo que os déspotas "nativos", sedentos de poder, oprimem aqueles que se encontram sob seu controle. Para mostrar a distância entre os dois sistemas, os traços definidos como exclusivamente ingleses – humor, sangue-frio, gosto pelo esporte – são exagerados, bem como aqueles atribuídos aos indianos. Os nativos correspondem a diversos arquétipos: o personagem da pessoa fiel é o mais apreciado; normalmente é uma criança, como, por exemplo, em *Gunga Din* (1939), em que um jovem empregado doméstico nativo sobe numa torre e toca o clarim para salvar Cutter, prisioneiro dos tugues, e em seguida morre.

Outra característica demonstra o viés racista desses filmes: o caráter recorrente do "nativo" que gostaria de se ocidentalizar – e, desse modo, ser reconhecido pelos ingleses –, mas que não consegue fazê-lo. É o que acontece com Surat Kahn em *A carga da brigada ligeira* (1936). Apesar de ter estudado em Oxford e ser um excelente jogador de críquete, ele é no fundo um perverso que não deixa de trair. O nativo educado quase sempre é um malvado... Perceberemos que reencontramos aí a alternativa antissemita dos nazistas: ou bem o judeu continua judeu e é desprezível; ou bem ele se moderniza e se assimila, e, então, é preciso desconfiar dele.

– *Esse elogio que o cinema faz da colonização é muito capcioso...*

– Com certeza. Outra família de filmes evoca os momentos gloriosos do Império Romano. É o caso, na Itália, de *Cabíria* (1914), de

Giovanni Pastrone, primeiro grande épico cinematográfico: uma glorificação do Ocidente diante de Cartago, mas que também pode ser relacionado com a conquista da Líbia pela Itália três anos antes. Também nos Estados Unidos os filmes sobre o Império Romano têm um traço ideológico implícito, com os conquistadores encarnando a civilização.

Como podemos ver, essa legitimação do império está muito enraizada nas sociedades ocidentais.

– *Qual o papel da imprensa?*

– Ela também ajuda a inculcar na opinião pública os princípios fundamentais da colonização. Isso é ainda mais verdadeiro nos momentos de crise ou de revolta contra o colonizador, que criam um conflito sem igual. Vemos então se expressarem opiniões em que o racismo compete com o ódio. Por exemplo, no dia seguinte à revolta dos cipaios, que explode na Índia em 1857, em consequência da introdução de cartuchos cobertos de gordura animal que os soldados hindus, por conta disso, se recusam a rasgar com os dentes, como preconizava o regulamento britânico – só os sikhs não consideram aquilo uma afronta. As violências cometidas pelos revoltosos – os primeiros massacres de britânicos – provocam uma repressão implacável.

É útil reproduzir de forma um pouco detalhada o comentário do *Times* de 31 de agosto de 1857, porque ele exprime ao mesmo tempo a cólera do colonizador e a reafirmação de sua missão "civilizadora":

> Para uma mente inglesa, existe algo de novo na notícia das violências atrozes cometidas nas pessoas de homens e mulheres ingleses. Nós nos considerávamos imunes a um risco tão horrível, protegidos por nossa condição mais elevada que a do cidadão romano. Pois estávamos enganados. Estamos diante de homens que conhecíamos bem, que não ignoram em nada nosso poder, nossa superioridade, nossa disciplina, que se beneficiaram de nossa bondade, a quem nós chegamos até a levar a um nível que eles jamais teriam alcançado por si mesmos, e que, apesar de tudo, ainda conseguem […] fazer o que eles fizeram aos corpos de indivíduos ingleses, quebrando a inviolabilidade que parecia vinculada a todo inglês enquanto tal, e se precipitando com a cabeça baixa nesse abismo de crueldade inominável. […] Quanto mais vis e submissos antes – mais eles rastejavam sob o olhar do senhor que mandava neles –, mais sua insolência é agora desmedida. Eles se deleitam e se comprazem na maior volúpia. […]

> Eis-nos aqui, portanto, diante do verdadeiro hindu, entregue a sua verdadeira natureza, [...] o hindu não tem nem mesmo um átomo da força moral necessária para ser bem-sucedido. Sua religião é puramente formal, suas crenças são um monte de idiotices e sua consciência é letra morta.

Na Rússia, Púchkin faz afirmações semelhantes com relação aos circassianos do Cáucaso.

– *Que violência…*

– É mesmo! "Esconderam isso de nós": era a frase que desde o fim das colônias não parávamos de ouvir. "Esconderam de nós a violência e os abusos cometidos em nome da civilização." É mentira. Não tinham escondido nada.

Para se convencer basta folhear os livros de história e as revistas de antes de Segunda Guerra Mundial como *L'Illustration*. Vemos ali os hindus amarrados à boca dos canhões nas Índias, as tendas dos árabes incendiadas na Argélia, nossos soldados rindo dos sacos cheios de cabeças de anameses na Indochina.

Sabíamos de tudo isso, mas a colonização tinha sido tão explicada e valorizada por seu projeto civilizacional que essas violências pareciam fazer parte da natureza das coisas. O fim justificava os meios.

– Mas, uma vez que se tinha conhecimento disso, ninguém se indignou?

– O anticolonialismo é tão antigo quanto o colonialismo. Bartolomeu de las Casas escreve *Brevíssima história da destruição das Índias*, publicada em 1552. Tendo sido bispo de Chiapas, no México, e testemunha dos crimes cometidos nas Ilhas Lucaias (Bahamas) e depois em Hispaniola, ele pretende demonstrar que os índios são seres humanos iguais àqueles que os colonizam, e que nada pode legitimar a violência contra eles. Ele foi a primeira voz importante a se levantar contra a violência colonial.

Em matéria de indignação, gostaria de citar dois textos franceses extremamente vigorosos do início do século XX, um escrito por um laico e o outro por um cristão. O primeiro é de Anatole France e data de 30 de janeiro de 1906; trata-se da transcrição de um discurso pronunciado por ocasião de uma manifestação de protesto contra a França colonial:

Sabemos muito bem que na África, na Ásia, de todas as colônias, não importa a quem pertençam, sobem os mesmos lamentos, os mesmos uivos de dor para o céu surdo. Conhecemos, ai de mim, essa antiga e horrível história. Já faz quatro séculos que os países cristãos disputam entre si o extermínio das raças, vermelha, amarela e negra. É isso que chamamos de civilização moderna.

Os brancos só se comunicam com os negros e os amarelos para sujeitá-los ou massacrá-los. Os povos que chamamos de bárbaros só nos conhecem até agora por nossos crimes. Não, certamente não acreditamos que se cometam nessa infeliz terra africana mais crueldades debaixo do nosso pavilhão do que debaixo das bandeiras dos reinos e dos impérios.

E, alguns anos depois (1909), Léon Bloy, em *Le Sang du pauvre* [O sangue do pobre]:

Há momentos em que aquilo que acontece é de fazer vomitar os vulcões. [...] Para citar apenas as colônias francesas, que clamor se as vítimas pudessem gritar!

Alguns anos antes, no dia 30 de julho de 1885, Georges Clemenceau se opunha a Jules Ferry e se erguia contra as justificativas econômicas e humanitárias do empreendimento colonial:

A conquista que você preconiza é o abuso puro e simples da força que a civilização científica oferece sobre as civilizações rudimentares, para se apropriar do homem, torturá-lo e extrair toda a energia que existe nele em favor do suposto colonizador. Isso não é o direito: é a negação do direito. Falar, nesse caso, de civilização, é acrescentar a hipocrisia à violência.

– Além dos protestos, houve na Europa medidas contra a colonização?

– Contra suas consequências mais odiosas, a escravidão e o tráfico, sim. Em 1770, o abade Raynal publica clandestinamente *Histoire philosophique et politique des établissements et du commerce des Européens dans les deux Indes* [História filosófica e política das implantações e do comércio dos europeus nas duas Índias]. E, em 1788, Brissot cria a Sociedade dos Amigos dos Negros, cujo objetivo era pôr fim, num prazo mais ou menos longo – quando "os negros estiverem prontos para a liberdade" –, ao "comércio infame" do tráfico, e conseguir, enquanto isso, que os escravos fossem mais bem tratados. A importância da iniciativa de Brissot é que ele julga que o problema do tráfico e da escravidão só pode ser resolvido em escala internacional.

A colonização explicada a todos

Ele se filia, juntamente com Condorcet e o abade Sieyès, à Sociedade de Defesa da Abolição do Tráfico, fundada em Londres por iniciativa da igreja metodista, e que dispõe, assim, de um apoio popular. Resultado: em Londres, em 1772, pela primeira vez um escravo negro é libertado.

A partir desse dia, embora a escravidão e o tráfico continuem a existir nos territórios ingleses de ultramar, eles desaparecem da metrópole, onde negros e brancos desfrutam dos mesmos direitos: os 15 mil escravos negros então presentes na Grã-Bretanha são alforriados. O tráfico é proibido oficialmente pelo Parlamento inglês em 1807. O movimento está lançado. Na França, é Vitor Schoelcher que, em 1848, faz com que entre em vigor o decreto sobre a abolição da escravidão nas colônias. Os colonos são indenizados e os negros que exigiam sua liberdade de forma bastante violenta são "anistiados".

– *Qual foi a postura do movimento socialista diante da colonização?*

– No final do século XIX, os socialistas abordam a questão colonial independentemente de sua postura humanitária, tendo em vista os interesses da classe operária que eles procuram defender. Quando em 1881, na França, Jules Guesde se opõe à conquista da Tunísia, é porque, segundo ele, esse empreendimento favoreceria a burguesia. Do mesmo modo, os socialistas italianos e alemães explicam que quem deseja as conquistas são as classes parasitárias – entre outras, os militares –; lutar contra a expansão ajudará as "classes ascendentes": industriais e operários.

O primeiro a encarar de frente o problema do ponto de vista dos nativos é o holandês Hubert van Kol, que morou em Java. Ele avalia que, pelo que pôde constatar, é a política francesa na Tunísia que serve de exemplo a ser imitado, porque "ali foram mantidas as instituições tradicionais".

Em termos gerais, a Segunda Internacional preconiza uma "política colonial positiva". Alguns também acham que é preciso apoiar a colonização para que o desenvolvimento da burguesia garanta a expansão da classe operária, o que Lenin contesta em *Imperialismo – estágio superior do capitalismo* (1916): para ele, como a colonização e o expansionismo são inerentes ao capitalismo, eles devem ser necessariamente combatidos.

A colonização explicada a todos

O único socialista que estigmatiza qualquer tipo de política colonial é o inglês Henry Mayers Hyndman, que considera que "na Índia nós fabricamos a fome para saciar a avidez das nossas classes dirigentes". Em 1904, no Congresso Socialista Internacional de Amsterdam, um hindu, Dadabhai Naoroji, teve a oportunidade – que não se repetiu – de fazer que o ponto de vista de um colonizado fosse ouvido, preconizando uma política por etapas que permitiria alcançar o *self-government*. "Seria como devolver os Estados Unidos aos índios", replica Eduard Bernstein – e todos concordam com ele.

– *Eles não pedem a libertação dos povos colonizados?*

– Em 1907, a política colonial capitalista é condenada no congresso de Stuttgart. Quando as revoluções iraniana, em 1906, dos Jovens Turcos no Império Otomano, em 1908, e, depois, a chinesa, em 1911, revelam a existência de movimentos de libertação, todos se alegram. Como ressalta Lenin, o despertar do Oriente amplia o campo da luta anti-imperialista e estabelece um elo entre o problema nacional e o problema colonial. Mas a ameaça de uma guerra na Europa deixa essas questões em segundo plano.

Na Grã-Bretanha, durante o período entreguerras, são os trabalhistas que militam em defesa de um acordo com Gandhi na Índia, ao passo que na França os socialistas Léon Blum e Maurice Viollette negociam com Ferhat Abbas em 1936 para estender a cidadania aos novos muçulmanos na Argélia. Eles prometem o fim do mandato na Síria e no Líbano dentro de três anos, acordo que nunca será ratificado.

— E como as lutas pela independência nas colônias foram recebidas nas metrópoles?

— Em Paris, logo depois do término da Segunda Guerra Mundial, quando o anticolonialismo renasce, não são as reivindicações específicas dos colonizados que são levadas em conta. Por isso, os conflitos em Camarões, em Madagascar e, sobretudo, na Argélia mobilizam antes de mais nada os advogados (como Pierre Stibbe ou Jacques Vergès) que estigmatizam no tribunal a política do governo e a repressão. O que esse anticolonialismo defende são os direitos humanos. A revista *Esprit* denuncia a violência, as fraudes eleitorais, o desprezo racial dos franceses. E Albert Camus é um dos primeiros a se erguer contra as sevícias de que são vítima os nacionalistas argelinos.

Essa situação continua. No caso da Argélia, quando a classe intelectual desperta e se manifesta politicamente, a partir de 1955, o anticolonialismo assume a forma de uma crítica da política do governo e, depois, de De Gaulle, ou então assume a forma de uma ideologia terceiro-mundista. O ponto de vista do célebre Manifesto dos 121 – que, é preciso que se diga, aparece somente em setembro de 1960 – é francês:

> Nós respeitamos e consideramos justificada a recusa de pegar em armas contra o povo argelino. Respeitamos e consideramos justificada a conduta dos franceses que julgam ser seu dever ajudar e proteger os argelinos oprimidos em nome do povo francês. A causa do povo argelino, que contribui de forma decisiva para destruir o sistema colonial, é a causa de todos os homens livres.

Assinam na primeira linha Jean-Paul Sartre e Simone de Beauvoir, Pierre Vidal-Naquet, Francis Jeanson, François Maspero, Jean-Pierre Vernant, Jérôme Lindon, Alain

Resnais, Simone Signoret. Mas não se pediu a nenhum argelino que pusesse sua assinatura...

A única participação de argelinos em um projeto político comum sobre o futuro da Argélia é a iniciada em Orã pela Fraternidade Argelina, próxima de *Consciences algériennes*, a revista criada por André Mandouze que preconiza um acordo entre as comunidades muçulmana e cristã. Em 1955, a Fraternidade Argelina pede que o governo se encontre com os representantes de *todos* os partidos políticos da Argélia. Eu sou, nessa ocasião, secretário-geral desse movimento, e publico em *Oran républicain* um artigo propondo a implantação de uma intersoberania, isto é, de uma soberania dividida entre os dois países. É o único projeto voltado para o futuro dos dois países. Na metrópole, com raríssimas exceções, a classe intelectual sabe criticar a política do governo e a repressão dos meios políticos nativos, mas ignora a reivindicação nacionalista e os elementos específicos do problema argelino.

6
As origens das lutas de libertação

– Nas colônias, o que faz que, num determinado momento, a contestação assuma a forma de um movimento de libertação?

– "Nós havíamos nos tornado estrangeiros em nosso próprio país", dizem, cada um de seu lado, Gandhi, na Índia, Pham Quynh, no Victnã, os mexicanos-americanos, no Arizona, os nacionalistas, na Argélia. A presença europeia nunca foi aceita pelos povos colonizados. Mas alguns elementos serviram de alavanca para a contestação.

Os movimentos de libertação podem ser revolucionários: é o caso do Viêt Minh, na Indochina. É o caso também do congresso de

Baku, em 1919, no qual o tártaro Sultan-Galiev preconiza a união dos povos colonizados – as "nações proletárias" que o proletariado ocidental continua explorando.

Khadafi retoma a ideia cinquenta anos mais tarde, arabizando-a.

As correntes religiosas também participam desse questionamento: cristianismo, islamismo, budismo e, também, o folclore...

– *Que "folclore" é esse que você menciona?*

– A crença na divindade dos espanhóis estivera na origem da submissão tanto dos incas como dos astecas. Mas a crueldade dos conquistadores mudou pouco a pouco a visão que se tinha deles. Os mortos, as terras confiscadas, o trabalho forçado e a pilhagem exacerbaram uma resistência que explode, por exemplo, em 1781, com Túpac Amaru no Peru, mas cujo saldo é um fracasso duradouro.

A cólera dos índios se expressa, ao menos, em seu folclore. Nas regiões andinas, todos os anos os camponeses se reúnem na praça do vilarejo e encenam a "tragédia da morte de Atahualpa", o último imperador inca. No Peru e na Guatemala também existe uma "dança da conquista". Não se trata de reconstituir a realidade histórica, mas de transcrever de novo o modo pelo qual a população a vivenciou.

Em São Tomé e Príncipe, a população africana reduzida à escravidão encena, desde o século XVI, o *Tchiloli*, ou a *Tragédia do imperador Carlos Magno*, uma peça de teatro. Se a violência estava no centro do folclore inca, é a injustiça do rei de Portugal que estigmatiza o *Tchiloli*. Veja bem, Carlos Magno nunca esteve em São Tomé. Para os habitantes da ilha, no entanto, ele encarna aquele que os levou à força. Carlos Magno tem de julgar seu filho, que cometeu um crime; mas este, português, é sempre absolvido, é claro. Ora, ao crime inicial vêm se somar uma série de outros cometidos posteriormente, e as roupas datam de todas as épocas: um soldado do século XVI, um bispo do século XVII, um oficial do tempo de Salazar... Na verdade, a cada século os filhos do Senhor cometeram novos massacres, novas injustiças. Essa comédia representa, de fato, todo o processo de colonização.

– E qual foi o papel das religiões locais, na África, por exemplo?

– As religiões africanas e as diferentes experiências do sagrado constituem uma alavanca que favorece o surgimento de profetas – as épocas aqui mencionadas são anteriores às duas guerras "entre tribos brancas" (as guerras mundiais). Sob uma forma milenarista, constroem-se visões apocalípticas que anunciam a partida dos brancos; às vezes as religiões assumem formas mágicas: cultos de possessão, rituais de feitiçaria como o vodu no Haiti. No Quênia, pratica-se o culto do deus Mumbo, "que tem duas moradas, uma no Sol, outra no lago". Em Moçambique, dizem que a sacerdotisa Mbuya combate os portugueses.

Outro meio de resistência nas sociedades africanas é a tradição oral, que fica entre o mito e a história. Ela é revalorizada a partir do momento em que os colonizadores introduzem sua própria história. A lembrança semilendária mais famosa é a do reino zulu, reforçada pelo rei Chaka (1816-1826). Seu mito ilustra uma primeira tentativa de unidade africana.

– *As tentativas de unidade africana também representam uma alavanca contra a colonização?*

– Com certeza. Acredita-se que, unidos, os povos poderão pôr fim ao domínio europeu. A conferência panafricana de Londres, em 1900, dá início ao movimento. O panafricanismo se desenvolve especialmente nas colônias anglófonas, paralelamente aos diferentes movimentos independentistas. "A futura bandeira da nação africana deve ser vermelha como o sangue derramado ao longo da história, negra como a cor da qual devemos nos orgulhar, e não nos envergonhar, e verde como a esperança": essa decisão é tomada no Congresso de Lagos, em 1920. Em 1958 tem lugar em Acra a primeira Conferência dos Povos Africanos.

Mas esse panafricanismo vem mais de longe. Efeito bumerangue do tráfico e da escravidão, ele lança suas raízes nos três ângulos do comércio triangular. Em primeiro lugar, a África Ocidental, mais precisamente a Costa do Ouro (futura Gana), que foi um dos fornecedores de escravos mais dinâmicos. A primeira crítica ao tráfico escrita por um africano data de 1787: ela é atribuída a um fanti da Costa do Ouro, Ottobah Cugoano. Ao lado da Costa do Ouro, Serra Leoa e Nigéria constituem o viveiro dos movimentos nacionalistas negros. O segundo ângulo do triângulo se situa na Inglaterra, onde o movimento metodista estimula, na época do combate abolicionista, na virada dos séculos

XVIII e XIX, a luta contra o tráfico. O terceiro ângulo se encontra no Caribe, com a conquista do primeiro Código Negro em Barbados, em 1661. Foi ali que surgiram inúmeras lutas individuais para ganhar a liberdade, explorando as falhas do sistema, muito antes das grandes revoltas, como a do Haiti.

Mais tarde, o Haiti e os afroamericanos serão novamente os líderes do movimento panafricano, e também os apologistas da negritude: de Toussaint Louverture ao jamaicano Marcus Garvey, depois aos martiniquenses Aimé Césaire e Frantz Fanon.

– Você citou o movimento metodista. As correntes religiosas tiveram um papel importante?

– As igrejas, sobretudo as metodistas, ajudaram os movimentos independentistas. Na Costa do Ouro, inicialmente, depois no resto na África, elas propiciaram na verdade o surgimento de uma elite mulata ou negra europeizada.

Mas o fenômeno mais espetacular é a recuperação do cristianismo como instrumento de oposição à colonização. A arma do colonizador se volta contra ele: o cristianismo não prega a igualdade entre os homens, sem que Deus faça qualquer distinção entre eles?

Ora, a realidade é, certamente, de uma desigualdade flagrante, em nome da "superioridade da raça branca", que "foi a primeira a ser instruída".

Desse modo, considera-se num primeiro momento – entre os fang do Gabão, por exemplo – que os brancos são maus cristãos. Na África do Sul, a institucionalização do racismo faz que os fiéis africanos saiam das igrejas dos brancos, e as igrejas "negras" se multiplicam. No Congo Belga é o quimbanguismo, originário do nome de Simon Kimbangu, um antigo catequista: desde sua prisão em 1921, a libertação do jugo colonial vem antes dos motivos religiosos. E o mito de uma idade de ouro, passada ou futura, pode emergir desses movimentos proféticos ou messiânicos ligados ao cristianismo.

Em termos gerais, as igrejas têm um papel emancipador. Em primeiro lugar porque a evangelização tem como consequência a retirada de certo número de indivíduos de seu grupo, o abalo dos fundamentos da sociedade tradicional e sua desestabilização – ao passo que, inversamente, a colonização se apoia nas estruturas antigas para facilitar a tarefa dos administradores. E depois, existe essa evidência, que não vale apenas para a

África negra: "Você chegou com a Bíblia na mão, e nós tínhamos a terra... Hoje, você, o colonizador, tem a terra, e para nós só sobrou a Bíblia...".

– O islã também funciona como motor desses movimentos de emancipação?

– O islã era o que os colonizadores europeus mais temiam. Contudo, ele não tem o mesmo papel na África negra que nos países em que ele se enraizou desde sua origem. Ele é emancipador entre os tuaregues, no Níger, até mesmo na Somália, e só mantém laços estreitos com o nacionalismo no Sudão.

Evidentemente, isso se deve ao fato de que, na memória africana, o islã árabe foi escravagista antes mesmo do colonizador europeu. Será que a emancipação que ele preconiza não é o prenúncio de uma simples troca de dominação? Em *Ceddo* (1977), filme do senegalês Ousmane Sembène, no momento que é obrigada a se casar com o imã que oprime sua comunidade, a rainha saca o punhal e o mata. Não é diante desse tipo de dilema que se encontram hoje os povos do norte da Nigéria e do norte de Camarões?

Em torno do Mediterrâneo, o islã é, simultaneamente, uma alavanca que sustenta o movimento de emancipação das nacionalidades – especialmente no Magrebe – e também um freio. Diz-se que a nação árabe só será livre – nesse caso, dos otomanos – se superar os antagonismos religiosos, tanto na Síria e no Líbano, onde são os cristãos que estimulam o movimento nacional, como no Egito, onde muçulmanos e cristãos coptas deveriam celebrar juntos o passado de sua pátria (Watan), anterior ao islã. O outro freio representado pelo islã é a existência de um sultão, o sultão otomano, comendador dos crentes, até a abolição do califado por Ataturk em 1924.

Mas entre todas as correntes religiosas, foi o budismo que se mostrou mais determinado no combate contra a Europa.

– *Onde, particularmente?*

– Na Birmânia, onde os monges são responsáveis pela educação de 50% das crianças, e onde o budismo também se opõe ao islã. No início do século passado, U Ottama, que se tornará um dos líderes do movimento independentista, ficou fascinado com a educação que as crianças japonesas recebiam e com o método de ensino, na Índia, de

Rabindranath Tagore, poeta da aproximação entre as culturas.

Na Indonésia, o budismo e o islamismo disputam um mundo de mercadores modernizados. É esperada a chegada do Mahdi, o "rei justo" anunciado por seu profeta, Tjokroaminoto. Seu genro Sukarno, que será o primeiro líder da Indonésia independente, irá criar um movimento social-democrata, modernista e nacional, cuja palavra de ordem é: "Não é um enviado de Moscou nem um califa do islã que trará a independência".

– E na Índia, é o hinduísmo que inspira o movimento de libertação?

– Na Índia, as causas são diferentes. O nascente movimento nacionalista aprende com a revolta dos cipaios em 1857. Será que ela fracassou devido a uma falha de organização? Será que é preciso mudar de método?

Depois da revolta dos cipaios, a Coroa britânica assume o poder imperial. Os representantes das novas classes urbanas indianas – advogados, industriais –, educados nas ideias ocidentais, enchem de esperança o governo britânico. O líder nacionalista Nehru exprime essa sensação ambivalente vivenciada nos anos 1910:

A colonização explicada a todos

Apesar de todo o meu rancor pela presença e pela conduta dos governantes estrangeiros, eu não tinha nenhum ressentimento com relação aos ingleses como pessoas. No meu íntimo, eu admirava muito aquela raça.

Um dos traços mais admiráveis da dominação inglesa nas Índias é que os maiores males que eles infligiram a esse povo apresentam externamente a aparência de benefícios celestes: as ferrovias, o telégrafo, o telefone, o rádio e tudo mais foram bem-vindos; eles eram necessários e somos muito gratos à Inglaterra por nos tê-los trazido. Mas nós não devemos esquecer que, ao possibilitar o aperto do controle administrativo e a conquista de novos mercados para os produtos industriais ingleses, seu principal objetivo foi o fortalecimento do imperialismo britânico em nosso solo.

Desde então, os nacionalistas indianos não têm a menor dúvida de que seu país é saqueado em benefício da Inglaterra. Essa é a base de seu combate. Enquanto a repressão contra os "agitadores" se intensifica, em 13 de março de 1919 Mahatma Gandhi lança um apelo: "Que todo o povo indiano suspenda todas as atividades, que ore e jejue durante 24 horas". No dia 6 de abril, um jejum completo é observado em toda a Índia. A polícia britânica abre fogo. É então que Gandhi assume oficialmente a liderança do movimento nacional, e é a partir desse momento que a Índia parte para uma luta aberta, contínua e obstinada.

– *Por que, entre todos os líderes independentistas, foi Gandhi quem marcou de tal forma a história?*

– Em primeiro lugar, tem o homem. "Havia em Gandhi certa majestade que obrigava as pessoas a obedecê-lo de livre e espontânea vontade", escreveu Nehru.

Gandhi foi, sobretudo, a alma da não violência. Ele a justificou assim:

> A forma dinâmica de não violência significa: sofrimento lúcido e consentido. Não submissão dócil à vontade daquele que faz o mal, mas mobilização total da alma contra a vontade do tirano. Aplicando em cada situação essa lei do nosso ser, um único indivíduo é capaz de desafiar toda a força bruta de uma dominação injusta, salvando, assim, sua honra, sua religião, sua alma, e preparando a queda ou a regeneração do império opressor. Portanto, não conclamo a Índia a praticar a não violência por fraqueza, mas com toda a consciência de sua força e de seu poder.

Essa tática se mostrou eficaz. Por meio de jejuns e períodos passados na prisão, Gandhi obriga a Inglaterra a dar uma Constituição ao país.

O movimento de Gandhi e Nehru pretende ser nacional e indiano: ele permanece religioso e hindu. Outrora senhores da Índia, os muçulmanos rejeitam qualquer ação comum que faria deles, minoritários, os escravos de seus antigos súditos. Os ingleses compreendem muito bem a situação. Quando ocorrem distúrbios no noroeste do país, eles tomam partido dos muçulmanos.

Gandhi está disposto a fazer todas as concessões necessárias para contar com o apoio dos muçulmanos. Ele busca a união de todos os indianos e o meio de impedir que os ingleses recorram novamente à violência. Como a desobediência civil pode ser eficaz? Ele tem a ideia de parar de pagar o imposto sobre o sal: "uma ideia genial", lembrará mais tarde Nehru. Porque o sal é consumido por todos, hinduístas e muçulmanos. O movimento leva à independência da Índia, em 1947.

– A situação na Indochina é completamente diferente: trata-se de um movimento revolucionário de libertação, com o Viêt Minh. Em que momento ele se lança ao combate na colônia francesa?

– Ho Chi Minh logo se firma como um dos principais líderes independentistas. É um marxista de tendência leninista, até mais, certamente, que os comunistas franceses, pelo menos no começo. No entanto, tendo trabalhado e militado na França, ele é bastante francófilo: o que ele combate é o colonialismo. Em 1930, uma greve de inspiração comunista e um levante armado decidido pelo partido nacional acontecem aos gritos de "Vietnã! Vietnã!".

Porém, a partir de 1932 a repressão quebra a espinha dorsal do movimento de emancipação. Revolucionários e nacionalistas fracassaram. Os dirigentes franceses consideram então oportuno recuperar o brilho da coroa de Annam e apoiar-se nos elementos católicos e reformistas. Por sua vez, diante da ameaça do fascismo alemão e japonês, os partidos comunistas privilegiam a política de "frente popular", dando prioridade à luta contra o fascismo.

Já em 1914-1918, atiradores marroquinos e argelinos, além de senegaleses (influenciados por um político negro, Blaise Diagne, o primeiro africano a ocupar um assento, em 1914, na Assembleia nacional), que haviam lutado pela França estavam ressentidos com a ingratidão da metrópole, que não havia melhorado quase nada a condição deles. No entanto, 60 mil se alistaram em 1939, chegando a 233 mil em 1944, embora em algumas regiões da Argélia a deserção tenha chegado a quase 30%. O cabo Bem Bella, por exemplo, lutou na Itália. A África Ocidental francesa mobilizou 42 mil homens; a África Equatorial francesa e o Camarões, 22.800; e Madagascar, 27 mil.

A ingratidão mais uma vez se fez presente. Conhecemos as consequências.

– Justamente, qual é o impacto da Segunda Guerra Mundial nos movimentos independentistas? Do lado francês, por exemplo, os povos colonizados consideraram como uma revanche a derrota do país diante da Alemanha?

– De fato, a derrota do ocupante francês diante da Alemanha vai causar uma forte impressão, principalmente na África do Norte. Lembro de um episódio no Marrocos, logo depois da guerra, quando cheguei às portas de Fez com minha mulher e um bebê dirigindo um carro de quatro cavalos de potência. Um enxame de garotos rodeou o automóvel, admirando o pequeno veículo que tinha conseguido vir de Orã até ali sem fazer nenhuma parada. "Carro alemão, carro alemão", exclamaram. "Não, carro francês", respondi. Eles foram embora, decepcionados.

De todo modo, não se deve caricaturar. Vamos nos deter no final de 1942, no dia seguinte do desembarque Aliado na África do Norte. Os alemães conseguem garantir uma passagem na Tunísia para se juntar às tropas do general Rommel que combate os britânicos na Líbia. Os nativos lhes reservam uma recepção delirante, como revelam os arquivos cinematográficos alemães (do programa de atualidades *Die Deutsche Wochenschau*). No mesmo instante, porém, o líder nacionalista tunisiano Habib Bourguiba alerta seus compatriotas, e isso num momento em que o poderio alemão nunca parecera tão invencível:

A crença ingênua de que a derrota da França é um castigo divino, que seu domínio acabou e que nossa independência virá de uma vitória do Eixo considerada certa, está enraizada na cabeça de muitas pessoas, o que é compreensível. Ora, pois eu digo que isso é um erro, um erro grave e imperdoável.

Essa opinião corajosa, na contracorrente, revela o dilema dos povos colonizados sob o

A colonização explicada a todos

domínio francês, mas também britânico ou holandês, diante das vitórias alemãs e depois japonesas. Nós o encontramos na Índia, na Indonésia, na Indochina e no restante dos povos colonizados sob bandeira francesa – de Vichy ou gaullista.[15]

– Há quem pense que os alemães ou os japoneses vão trazer a independência?

– Alguns podem, de fato, pensar isso. Do lado do mundo árabe, não existe dilema. No dia 6 de abril de 1941, a Alemanha invade a Iugoslávia e declara guerra à Grécia; no dia 18, o Iraque se insurge contra a Grã-Bretanha sob a égide de Rachid Ali, que logo recebe ajuda dos alemães. O grande mufti de Jerusalém Mohammed Amin al-Husseini também opta pelo campo alemão. "Os países árabes estão firmemente convencidos de que a Alemanha vencerá a guerra e que as questões árabes acabarão bem", declarou ele ao Führer por ocasião de seu encontro em Berlim em 1941. Ele se diz pronto não apenas a multiplicar os atos de sabotagem, mas também a constituir uma legião árabe para tornar realidade

---

15 Referência ao governo colaboracionista de Vichy liderado pelo general Pétain, e à resistência – então no exílio – de De Gaulle. (N. T.)

a grande Arábia: "Vocês, alemães, e nós não temos os mesmos inimigos – os ingleses, os judeus e os comunistas?"

Segundo Jacques Soustelle, em Damasco "já se confeccionavam bandeiras com a suástica, encomendadas por sírios precavidos". Os franceses são ainda mais desprezados uma vez que o tratado assinado em 1936 pelo governo de Léon Blum prometendo a independência da Síria e do Líbano nunca foi ratificado. As forças anglo-gaullistas saem vitoriosas, mas De Gaulle pretende manter a presença francesa na Síria-Líbano. Em primeiro lugar, para honrar a palavra dada em 1936: no dia 8 de junho de 1941, o general Catroux anuncia que a França Livre põe fim ao mandato ("Vocês serão soberanos e independentes"). A independência conquistada nessas condições não tem direito a nenhum reconhecimento.

– Os líderes independentistas do Magrebe francês adotam a posição do mufti de Jerusalém?

– Na Argélia, os líderes nacionalistas olham antes com bons olhos determinadas ordens de Vichy (em particular a suspensão do decreto Crémieux, que havia concedido a cidadania francesa aos judeus da Argélia) e multiplicam os gestos de lealdade na direção de Pétain, colocando-se sob os auspícios de Gandhi – a não violência – e Charles Maurras[16] – o nacionalismo –, e até mesmo sob égide de Ataturk, o líder laico. Ferhat Abbas – como Bourguiba, aliás – também conta com a influência dos americanos depois da guerra. O presidente Roosevelt manifestou opiniões explicitamente anticolonialistas, e a Carta do Atlântico, de agosto de 1941, declara especialmente o direito dos povos de escolher sua forma de governo. Não há dúvida de que eles se iludem a respeito da posição americana na África do Norte depois da vitória sobre o Eixo...

Assim, decepcionados depois de 1945, argelinos e tunisianos vão se ligar mais estreitamente ao núcleo do mundo árabe: pelo menos nessa região, os movimentos de independência alcançaram alguns êxitos diante da França.

---

16 Poeta, ensaísta, teórico nacionalista e antissemita de extrema-direita (1868-1952), dirige o jornal *L'Action française* [Ação francesa], ponta de lança do movimento do mesmo nome. (N. T.)

7
As independências:
guerra ou negociação

– No Magrebe, no Oriente Médio e na Ásia, as pressões pela independência após a Segunda Mundial dependem, em última análise, do resultado dos combates entre as potências do Eixo e os aliados?

– De fato. Porém, antes de mais nada, mais que a insurreição dos povos colonizados, foi a derrota de suas metrópoles em 1943-1945 que pôs fim às colonizações italiana (Líbia, Etiópia, Somália e Rodes, devolvido à Grécia) e japonesa.

Neste último caso, suas vitórias fulgurantes depois de Pearl Harbor (dezembro de 1941) criam uma onda de choque que vão abalar a dominação ocidental para além da

Ásia. Na verdade, mais que esses êxitos, é a humilhação sofrida pelos colonizadores que convence seus súditos de que a era da dominação dos brancos chegou ao fim.

O noticiário japonês difunde as imagens do general britânico Percival tomado por uma crise nervosa, em fevereiro de 1942, em Singapura, na mesa em que ele deve assinar a rendição. Outra cena, inadmissível nesse caso, a "marcha da morte" que os japoneses impõem aos americanos depois de terem conquistado as Filipinas em 1941. No campo de Sandakna-Ranau, em Bornéu, apenas 6 dos 2.500 holandeses e ingleses ali internados sobrevivem; o número de mortos na Birmânia atinge 12 mil prisioneiros, dos 60 mil submetidos a trabalhos forçados.

Louis Fauchier-Magna, um corretor da Bolsa que chegou ao Vietnã no verão de 1945, conta o terror sem precedentes instaurado pelos japoneses: "15 mil franceses aterrorizados, trancados em suas casas" – e alguns em jaulas minúsculas –, 4 mil a 5 mil militares franceses prisioneiros encontram-se ali, no mais absoluto isolamento.

Por fim, antes de capitular em consequência dos bombardeios de Hiroshima e Nagasáqui, os japoneses lançam sua própria "bomba" ao proclamar a independência das colônias ocidentais cujo controle eles haviam assumido – Indochina, Malásia, Índias Holandesas... O processo é irreversível.

Somente a Índia obtém a independência sem que o Japão intervenha.

– O que levou os britânicos a aceitar a independência da Índia?

– Os ingleses anunciaram em 1939 que a Índia declarava guerra à Alemanha – sem ter consultado seus habitantes, que receberam essa declaração como uma "provocação colonialista". Isso provocou a cólera do conjunto de comunidades, suscitando inúmeros incidentes. Foi preciso prometer a independência.

Porém, antes disso a Grã-Bretanha devia resolver o antagonismo entre hinduístas e muçulmanos. Na verdade, como eu disse, depois da revolta dos cipaios ela tinha se apoiado nos muçulmanos contra os hinduístas. A utilização das minorias foi uma constante das políticas coloniais. Assim, tanto no Marrocos como na Argélia, os franceses não hesitaram em jogar berberes e cabilas contra as populações mais arabizadas das grandes cidades. A desconfiança com relação ao islã foi uma consequência natural disso. Na Indochina, a administração francesa dividiu para melhor governar: os cambojanos contra os anameses, os anameses contra os chineses.

Voltemos à Índia: uma burguesia hindu tinha se desenvolvido, e ela agitava a bandeira da nação indiana unida. Portanto, Londres tinha apoiado a Liga Muçulmana, criada em 1906 para fazer face ao Partido do Congresso. A Grã-Bretanha também tinha instituído um esboço de regime parlamentar em que, ao lado dos hinduístas, majoritários, estavam representados os muçulmanos, os sikhs e os parsis. Sob a égide de Gandhi, Nehru e Bose, o Partido do Congresso convidava os muçulmanos a aderir a ele. Mas a Liga Muçulmana de Ali Jinnah se opunha a isso: os muçulmanos eram minoritários no país, e não queriam ser engolidos; por outro lado, os métodos de Ghandi, com a não violência, provinham do hinduísmo.

Diante desse antagonismo que parece não ter saída, em agosto de 1947, na véspera da independência, o vice-rei da Índia britânica, lorde Mountbatten, convida o Partido do Congresso e a Liga Muçulmana a preparar o país para a partilha – Índia e Paquistão –, prevista para junho de 1948 – prazo que deve

A colonização explicada a todos

permitir as transferências de população. Entre 10 milhões e 15 milhões de pessoas são deslocadas; entre 300 mil e 500 mil morrem vítimas da violência: uma verdadeira limpeza étnica acompanha a partilha. São sacrificados os príncipes, os sikhs, os intocáveis, qualquer que tenha sido sua atitude com relação à Coroa. Enquanto Cachemira, cujo príncipe é hindu e a população é majoritariamente muçulmana, torna-se o cenário de enfrentamentos entre a Índia e o Paquistão. O conflito continua aceso até hoje.

No ano da independência, Gandhi é assassinado por um extremista hindu que o acusa de ter posto fim à unidade da Índia. Ele pertence a uma organização que dará origem ao BJP (Partido Bharatya Janata, na sigla em inglês), que afastou do poder o Partido do Congresso entre 1996 e 2014.[17]

– *Qual é a consequência, na Indochina, da declaração de independência feita pelos japoneses?*

– Durante a guerra, Ho Chi Minh havia escolhido aliar-se aos Estados Unidos e à URSS

---

17 A analogia com Ravaillac é impressionante: contrário ao Edito de Nantes (1598), ele assassina Henrique IV, monarca popular. Na verdade, o partido desse devoto revoga o edito em 1685. Nos dois casos, o "romance da nação" apresenta o assassino como um "iluminado".

contra o Japão. Sua perspectiva é marxista e revolucionária, tanto quanto nacionalista. Portanto, não é possível se contentar em combater "o fascismo de Vichy e de seu aliado japonês": é preciso ajudar os gaullistas, a partir de então aliados dos comunistas, a mudar o regime na França depois de alcançada a vitória sobre o inimigo comum.

No dia 2 de setembro de 1945, Ho Chi Minh proclama a independência, que ainda precisa ser conquistada. Como ele é comunista e os comunistas participam do governo em Paris, um compromisso parece possível. Em nome do governo, Jean Santeny e o general Leclerc, que veem o país aderir completamente ao nacionalismo e a insurreição recomeçar, tentam chegar a esse compromisso. No dia 6 de março de 1946, Jean Sainteny e Ho Chi Minh assinam um acordo que prevê a entrada do Vietnã, Estado "livre" (não se utilizava o termo "independente"), numa união indochinesa, mas sem a Cochinchina.

"Não, eu não os traí", explica Ho Chi Minh a seu povo – com a voz embargada. Em Paris, contudo, o caso indochinês é retomado como se não tivesse havido nem guerra, nem derrota, nem ocupação japonesa, nem a dupla proclamação de independência, nem a insurreição generalizada... A Federação Indochinesa é restaurada, com seus cinco territórios de outrora e um alto-comissário à frente deles. Tais ações vão no sentido de negar a existência do Vietnã. Finalmente, nem um lado nem o outro está disposto a respeitar o acordo de 6 março de 1946. A situação se torna explosiva.

Quando a França proclama a criação de uma República Autônoma da Cochinchina, no dia 1º de junho de 1946, entra-se numa espiral. No Sul, o Viêt Minh pratica o terrorismo contra os vietnamitas favoráveis a um acordo com a França. No Norte, o general Valluy se vale de um pretexto para bombardear Haiphong, fazendo milhares de mortos. Mil e duzentos franceses são então atacados, quarenta são massacrados. No dia 21 de dezembro de 1946, o governo de Ho Chi Minh em fuga lança a ordem de insurreição geral. Ele explica:

> Esta será a guerra entre um tigre e um elefante. Se o tigre alguma vez parar, o elefante o trespassará com suas poderosas defesas; só que o tigre não irá parar; ele se esconde na selva durante o dia e só sai à noite, para se lançar sobre o elefante e lhe lanhar profundamente as costas; depois ele desaparecerá e, lentamente, o elefante morrerá vítima da exaustão e dos ferimentos.

– E o elefante – a França – morreu mesmo de exaustão?

– O ambiente político e a natureza da guerra mudam muito rapidamente. Mao Tsé-tung ganhou a partida na China, e o Viêt Minh pôde se apoiar na potência chinesa.

Graças à habilidade diplomática de Robert Schuman – no momento em que a Guerra Fria tinha começado –, a França convence os americanos de que, na Indochina, ela não está travando uma guerra colonial, mas uma luta contra o comunismo, o que lhe assegura um grande volume de empréstimos e, com eles, um "escândalo das piastras"[18] que estimula os beneficiários a prosseguir a guerra. Ela já dura mais de seis anos quando Pierre Mendès France, indicado chefe de governo em 1954, promete "se retirar se a guerra não tivesse acabado no prazo de um mês". Não se tinha notícia de que tal desafio tivesse algum dia sido lançado. Mas Mendès France

---

18 A piastra indochinesa era a moeda da Indochina. A taxa de câmbio piastra-franco francês fora estabelecida em 1945 em dezessete francos por piastra, enquanto nos mercados asiáticos ela era de dez francos ou menos por piastra. A diferença, paga pelo contribuinte francês, deu margem ao surgimento de uma série de operações fictícias de importação – que justificariam o subsídio cambial – que ficaram conhecidas como o "escândalo das piastras". (N. T.)

é bem-sucedido, ao negociar simultaneamente com os vietnamitas, os chineses e os americanos.

No dia 7 de maio de 1954, os franceses se rendem em Dien Bien Phu. Os acordos de Genebra, concluídos em julho, estipulam que o paralelo 17 serve de linha de demarcação provisória entre o Vietnã do Norte e o Vietnã do Sul, que continuam ambos sob o controle de sua própria administração civil. É o reconhecimento de fato da independência do Vietnã do Norte. Eleições livres devem ser organizadas em todo o país antes de 1956. Elas jamais ocorrerão.

Nesse meio tempo, os americanos impediram o avanço do comunismo na Coreia, ficando com as mãos livres para fazer o mesmo na Indochina. É o começo da segunda guerra do Vietnã.

– Não se pode negar que foi aberta uma brecha no Império Francês...

– Com a Guerra da Indochina, os líderes nacionalistas da Tunísia e do Marrocos tomaram consciência da impotência dos governos franceses.

Na Tunísia, a luta armada se organiza. Graves incidentes ocorrem no Marrocos.

Levando em conta os "erros passados", em 1954 o ministro residente – o general Juin – aprova a decisão de Mendès France que proclama a autonomia interna da Tunísia, última etapa no caminho da independência. As repercussões do choque chegam até a Argélia.

– A Argélia é tomada por uma onda de agitação?

– O primeiro distúrbio acontece em Sétif e Guelma, no fim das manifestações do 1º de Maio e do 8 de maio de 1945, quando ecoa o grito de "Libertem Messali" – Messali Hadj, presidente do Partido do Povo Argelino, condenado a trabalhos forçados em 1941. À repressão se seguem o levante das tribos – cerca de 50 mil insurgentes – e uma nova repressão sangrenta apoiada pela aviação, que provoca milhares de mortos (certamente nunca saberemos o número exato). Em 1947, Paris concede um novo estatuto à Argélia, criando, em particular, uma assembleia argelina, eleita por um "duplo colégio": 1 milhão de franceses da Argélia dispõem do mesmo número de eleitos que os muçulmanos, que, no entanto, são oito vezes mais numerosos...

Na primavera de 1954, a derrota dos franceses em Dien Bien Phu prova que a luta armada pode levar à vitória. No mês de novembro é criada a FLN (Frente de Libertação Nacional), que marca seu nascimento com uma série de atentados simultâneos.

Surpreendidos por essa onda terrorista, os dirigentes franceses se recusam a ver nela a expressão de um movimento nacional. "Se reivindicações insensatas provocam desordem, a resposta deve ser a metralhadora", responde um capelão a André Mandouze, professor da Universidade de Argel. "Deixem-nos em paz com essa história de eleições limpas; não haverá problema político se vocês não o criarem", é a resposta dada a Pierre Nicolaÿ, chefe de gabinete de François Mitterrand, ministro do Interior de 1954 a 1955. Mitterrand dissolve imediatamente o MTLD (Movimento pela Vitória das Liberdades Democráticas, na sigla em francês), enquanto em Argel o reduto dos defensores da Argélia francesa pressiona por repressão. Deve-se a Mitterrand 45 das 222 sentenças de morte aplicadas entre 1954 e 1962.

Por sua vez, a FLN executa em Melouza os camponeses que aceitaram tirar partido de uma reforma agrária que lhes concedeu terras. No dia 20 de agosto de 1955 novos massacres são cometidos, no Constantinois, vitimando colonos e felás: 171 civis europeus são mortos, e existem cerca de 10 mil vítimas entre os chamados "nativos". Os colonos tinham bloqueado as reformas; agora a FLN torna impossível sua aplicação.

No início de 1956, Guy Mollet constitui em Paris um governo dito de Frente Republicana, com um programa que encontra um verdadeiro consenso: cessar-fogo, eleições, negociações. Mas é tarde demais. "Cessa-fogo": é considerar os rebeldes como combatentes – inaceitável para os franceses da Argélia. "Eleições": da cozinha argelina, a dos franceses da Argélia – inaceitável para os nacionalistas argelinos desde a instituição do duplo colégio. "Negociações": com terroristas, a única resposta é a guerra.

É o que acontecerá.

– *Mas a independência parecia inevitável?*

– Não aos olhos dos franceses da Argélia (chamados de *"pieds-noirs"* no final da guerra), majoritariamente favoráveis à intervenção armada. A FLN também rompe com qualquer ideia de negociação. Ela exige a dissolução das organizações que não são controladas por ela – o Movimento Nacional Argelino (MNA), de Messali Hadj, o Partido

A colonização explicada a todos

Comunista Argelino (PCA)... É um exemplo único na história.

Essa violência é acompanhada de 618 agressões entre nacionalistas durante o período de 1º de janeiro a 30 de setembro de 1956, sem falar do assassinato de trezentos muçulmanos fiéis a Messali Hadj em março de 1957, em Melouza. Percebe-se então que os intelectuais favoráveis à independência da Argélia se filiam mais à FLN que ao MNA, considerado arcaico e árabo-islâmico. Eles só irão abrir os olhos mais tarde.

A FLN também se beneficia do apoio de Nasser, o que provoca outro cisma. Alguns acusam os representantes do movimento nacional de fazer que ele corra o risco de ser colonizado pelo Egito, que, na época, sonha em restabelecer uma grande nação árabe.

No terreno militar, o general Massu vence a batalha de Argel no outono de 1957, e os paraquedistas ocupam a Casbah: é uma grave derrota para a FLN. A guerra continua a se espalhar, e, no leste do país, a linha Morice, na fronteira tunisiana, não impede que armas vindas Tunísia cheguem aos combatentes argelinos.

Paris atribui a firmeza dos combatentes argelinos a Nasser. Isso é verdade sobretudo no plano internacional, no qual, tanto na Conferência de Bandung, em 1995, como na ONU, ele dirige uma campanha contra a França. Não se pode negar que, depois da nacionalização do Canal de Suez em julho de 1956, diante da intervenção conjunta dos Estados Unidos e da URSS, a coalizão franco-anglo--israelense tem de abandonar o terreno. Mais uma humilhação...

Em Paris, vários governos tiveram de renunciar. Para a desacreditada Quarta República, o apelo a De Gaulle, em maio de 1958, é um suicídio. Em seu íntimo, o general considera a separação inevitável, com uma possível associação no final. "Precisei tergiversar", explicou ele mais tarde a Alain Peyrette. Em Argel, onde é esperado em triunfo, ele lança de chofre: "Eu os compreendi", sendo aclamado por milhões de *pieds-noirs*, que não entendem a frase seguinte: "A partir de agora só haverá neste país franceses com plenos direitos", isto é, justamente o que os franceses da Argélia jamais aceitaram. Conduzida pelos generais Challe, Salan e Massu, a guerra prossegue. Mas no dia 16 de setembro de 1959, De Gaulle fala de um referendo com livre escolha entre afrancesamento, associação e secessão...

O Governo Provisório da República Argelina (GPRA), expressão da FLN, dá seu acordo a negociações em novas bases. Os partidários da Argélia francesa denunciam uma traição. A rebelião explode. O combate em defesa da Argélia francesa prossegue, entrecortado pelo golpe fracassado dos generais, até a conclusão dos Acordos de Évian em 18 de março de 1962, depois de vários atentados contra De Gaulle. No total, houve mais de cem atentados na França e oitocentos na Argélia, que foram realizados em parte pela FLN, em parte pela Organização do Exército Secreto (OAS, na sigla em francês), que luta por meio do terrorismo para manter a Argélia como parte da França.

A Argélia tem, finalmente, sua independência reconhecida. Quase 1 milhão de franceses da Argélia e de harkis – os auxiliares das tropas francesas, argelinos que esperavam se tornar cidadãos com plenos direitos – não tardarão a deixar o país. Eles jamais perdoarão o general De Gaulle. A lembrança ainda está presente hoje, quando vemos um prefeito de Béziers trocar o nome de uma rua chamada 19 de março de 1962.

– *Na África subsaariana, a descolonização foi pacífica?*

– Para ficar no caso francês, na África a liberdade pôde ser negociada.

"Os povos da África negra têm os olhos voltados para o que se passa na África do Norte e, mais ainda, na Argélia", julgava Gaston Defferre. Juntamente com François Mitterrand, ele entende que é preciso se antecipar às reivindicações dos africanos para criar um clima de confiança. Ministro da França de Ultramar no governo de Guy Mollet (1956-1957), ele mantém laços estreitos com a Assembleia Democrática Africana, federação de partidos políticos africanos que lutam contra o domínio colonial. Ele põe em prática também uma política representativa, que, na África negra, não corre o risco de enfrentar o poder dos colonos, que raramente deixaram descendentes.

Em junho de 1956, uma lei genérica assinada por Defferre é aplicada em cada um dos territórios da África negra, bem como em Madagascar; no Senegal, Léopold Senghor, partidário de uma união panafricana, opõe-se a essa "balcanização", mas na Costa do Marfim Houphouët-Boigny está convencido de que é melhor "caminhar" antes de tentar correr: a reunificação se fará mais tarde.

Diante das incertezas da política francesa no Magrebe, a ONU intervém a fim de preparar o processo de autonomia do Togo e de Camarões, territórios sob mandato.

De sorte que, quando em 1958, em Madagascar, De Gaulle propõe que os africanos escolham entre uma associação livre e a secessão, o terreno já está preparado. No dia 28 de setembro, no contexto da Comunidade Francesa implantada pela Constituição da Quinta República, os territórios de ultramar são chamados a escolher, por meio de um referendo, entre três estatutos: tornar-se um departamento francês, um Estado-membro da Comunidade (portanto, autônomo) ou conservar seu estatuto anterior. Somente a Guiné se recusa a entrar na Comunidade: "A independência não se outorga, ela se conquista", afirma Sékou Touré. Doze Estados desfrutam, dali em diante, da autonomia interna. Um ano mais tarde, o Senegal e o Sudão se juntam para formar a Federação do Mali. Eles exigem imediatamente a independência, no que são seguidos pelos outros. "Eles vão embora... eles vão embora", diz De Gaulle. Ele os deixa partir. Em 1960, a França não tem mais colônias na África negra.

– *Portanto, a independência negociada era possível?*

– Essa política francesa lembra a dos britânicos, que tinham recebido com festa o acesso de Gana à liberdade em 1957. As atualidades filmadas, *Newsreels*, conservaram imagens deslumbrantes em que estadistas africanos de *smoking* e mulheres negras ou inglesas elegantes dançam ao som de um beguine, enquanto ao largo canoas iluminadas avançam diante de Acra ao ritmo de uma música frenética marcada pelo grito: *"Liberty!"* O governador Arden-Clarke tivera a capacidade de libertar o líder independentista Nkrumah da prisão e permitir que ele ganhasse as eleições. Que exemplo!

E que contraste com os acontecimentos do Congo Belga... Um verdadeiro pesadelo. Quando em 1959 violentos incidentes, que resultam no massacre de oficiais belgas, explodem em Léopoldville, Bruxelas, sob o efeito do choque, decide se livrar de sua colônia. Como não houvera quase nenhuma preparação para a independência, em 1960 o Estado havia desaparecido, e não existia nada em seu lugar. A guerra explode imediatamente entre o presidente Joseph Kasavubu e seu primeiro-ministro, Patrice Lumumba, revolucionário e marxista, logo assassinado. Nessa ocasião, o Catanga se separa sob a égide de Moise Tshombe. Em plena Guerra

A colonização explicada a todos

Fria, o caminho está aberto para a internacionalização do conflito.

O exemplo francês também não pode ser seguido na África Oriental, nas proximidades do mundo árabe, onde hindus, africanos e colonos brancos parecem irreconciliáveis nas possessões britânicas, particularmente no Quênia, onde, no entanto, a prosperidade avança. É preciso mais quatro anos na Tanganica e seis anos no Quênia para pôr fim à revolta dos mau-mau.

Também é a negociação que, sob a pressão exercida pela África independente, supera a crise que o recrudescimento do *apartheid* pelo presidente Vorster perpetua na África do Sul. Os massacres de Soweto em 1976 provocam o protesto da ONU, ao passo que a Grã-Bretanha exclui a África do Sul da Commonwealth. A opinião pública mundial reage, e mais ainda os povos africanos. O presidente De Klerk liberta Nelson Mandela em 1989. É o início de um processo, e, em 1994, eleições livres para todos – *"one man, one vote"* – são organizadas, que devem assegurar aos negros a maioria e a garantia de participar do governo do país.

Que caminho percorrido...

– Quais são os últimos territórios a serem libertados?

– No início dos anos 1970 ainda restam as possessões portuguesas, as únicas na África a não ter conquistado a independência. Em Lisboa, desde os anos 1960 a ditadura reinvestiu na colonização para sustentar os 250 mil portugueses de Angola e os 130 mil de Moçambique. Interferem combates ideológicos, apoiados aqui por Moscou, ali por Pequim, e conflitos étnicos nos quais se imiscui o Congo. Na Guiné-Bissau, em 1974 a situação é tal que, em Lisboa, o general Spínola julga que uma saída militar é ilusória e que somente uma mudança de poder poderá conduzir à independência das colônias africanas. Assim, no espaço português é o Exército que introduz a democracia na metrópole, com a Revolução dos Cravos de abril de 1974, e que consegue trazer a paz nas colônias depois de treze anos de guerra.

E, depois, não podemos nos esquecer da independência dos países da União Soviética, que ocorre de uma maneira inimaginável.

– Como assim?

– Na URSS, a independência dos territórios conquistados na época do czarismo

A colonização explicada a todos

resulta de uma manobra política sem precedente. Para enfraquecer o poder de Gorbatchev, presidente da União Soviética, Ieltsin, eleito presidente da Rússia em maio de 1990, proclama a soberania da Rússia, retirando-a, assim, da URSS... É como se De Gaulle tivesse tirado a França da União Francesa! As outras repúblicas o acompanham, e a URSS não tarda a se transformar numa casca vazia. Seu presidente é obrigado a renunciar.

Com o desaparecimento da URSS, cada uma das repúblicas está livre. A Rússia também, mas ela não possui mais repúblicas federadas, salvo no interior da Federação Russa, isto é, na Chechênia, no Daguestão e no Tartaristão, onde é içada bandeira verde do islã – a seiscentos quilômetros de Moscou.

Em outros lugares, ou bem os russos deixaram o país preventivamente, como no Casaquistão, ou bem eles viraram minoria pela primeira vez na história: na Estônia, Letônia e Ucrânia, onde se apresentou o difícil problema da língua oficial para os 20% de russos que moram ali.

Um cinturão muçulmano, ao sul, rodeia doravante a República da Rússia, que, desse modo, perdeu a proteção de sua "fronteira compacta" (Sabine Dullin).

8
A herança de hoje

– A história da colonização terminou?

– Nunca a herança da colonização pareceu tão marcante como hoje, cinquenta anos depois das últimas independências.

Embora "tenham virado a página", as antigas "metrópoles" sofrem com os acontecimentos imprevistos e temíveis que trazem um mau presságio. Na época das colônias, as metrópoles percebiam, nos quatro cantos do planeta, as trincas que abalavam os impérios – os "acontecimentos", se dizia. Mas isso acontecia longe, e elas não ficavam muito preocupadas... Um islamismo vingativo, sedento de massacres; uma vaga de infelizes que, em busca do paraíso, vêm morrer nas águas do Mediterrâneo; a distância cada dia maior entre países ricos e pobres, enquanto dentro de cada um deles aumenta a desigualdade: atualmente tudo contribui para provocar, na Europa, o medo do amanhã e a ampliação do racismo de natureza variável.

Quanto aos países que tinham sido colonizados, eles passaram por dramas cruéis desde o fim do período colonial, de Biafra em 1967 à Síria desde 2011. O Camboja em 1975, a Argélia e a Chechênia desde 1988, além de Ruanda em 1994, seguida pelo Sudão, o Timor e a Líbia foram, sucessivamente, cenário de massacres, por vezes genocídios, semelhantes aos que haviam atingido os armênios e os judeus da Europa. Como tais fantasmas surgem das antigas terras da colonização ou da neocolonização, esses mortos representaram os sinais premonitórios de uma transferência para a Europa ou os Estados Unidos de desgraças anunciadas.

– *A colonização é responsável por esses dramas?*

– Não se pode negar que o passado colonial tem sua parcela de responsabilidade. Porém, para explicar as crueldades – amputações, decapitações... – não podemos nos limitar a apontar unicamente para o processo da colonização. Não há dúvida de que ela deixa uma herança; sobre ela, porém, atuam as forças da globalização crescente e que associamos ao poder dos Estados Unidos e à evolução da Guerra Fria, complicada pela rivalidade entre a China e a URSS, sobretudo na Ásia oriental. Quanto ao surgimento de um islamismo rancoroso no mundo muçulmano, o ensaísta Abdelwahab Meddeb invocou "a doença do islã" para explicar a fúria criminosa que anima o integrismo vingativo. Para entender as "rupturas" por que passou a África francófona, o ex-primeiro-ministro centro-africano Jean-Paul Ngoupandé ressaltou o governo lamentável de muitos dirigentes africanos; ao passo que os escritor libanês Amin Maalouf evoca os distúrbios produzidos pela queda do comunismo para explicar o desencanto generalizado.

– *O que resta hoje do passado colonial?*

– Desde meados dos anos 1960, quase não existem mais colonos e colônias nos territórios outrora dominados pelas potências europeias. Ao passo que, voluntariamente ou obrigadas, as metrópoles tiveram de abandonar uma parte ou o conjunto de suas colônias, seus dirigentes econômicos e políticos fundaram a União Econômica Europeia, recorrendo ao exército industrial do Terceiro Mundo para reduzir seus custos de produção, neutralizar e contornar as reivindicações de seus empregados. Desse modo, criou-se nas antigas metrópoles uma situação de tipo colonial: magrebinos, caribenhos, indianos e paquistaneses passaram a realizar na Europa e em outros lugares as tarefas que os europeus não queriam mais fazer, e essa população de trabalhadores imigrantes, que durante muito tempo era apenas temporária, criou raízes no país de acolhida com o reagrupamento familiar.

Paralelamente, o modo de produção e de relações do período colonial foi substituído por uma espécie de imperialismo multinacional. Já em 1955, o ganense Kwame Nkrumah havia dito claramente:

> O neocolonialismo consiste no fato de que um país doravante independente vê sua política ser dirigida do exterior, com as potências imperialistas realizando uma dominação invisível, a dos grandes banqueiros do Fundo Monetário Internacional. Se acrescentarmos a isso a impotência diante da cotação do petróleo ou das

A colonização explicada a todos

matérias-primas e das taxas de câmbio, os países independentes podem mudar de governo: isso não modifica em nada sua situação.

"A independência é o estágio superior do colonialismo", não tardou a redigir em forma de manchete, em 1961, o jornalista libanês Abou Ayman.

Um certo número de países do chamado "Terceiro Mundo" conseguiu obrigar as metrópoles e os monopólios a abandonar uma parte de suas prebendas. Em 1960, a criação da Organização dos Países Exportadores de Petróleo (Opep) foi o sinal de que podia existir uma nova forma de resistência ao imperialismo multinacional. Não tardou para que onze antigos países colonizados se filiassem a ela. Sua influência se manifestou pela primeira vez de forma determinante por ocasião da crise do petróleo de 1973-1974. Ela estava ligada, de um lado, a um reflexo da questão palestina, que os árabes consideravam como uma volta da colonização desde a Guerra dos Seis Dias (1967) e da ocupação, pelo Exército israelense, de parte dos territórios que resultaram da partilha da Palestina em 1947.

Outra resposta ao surgimento desse novo imperialismo dominado pelos Estados

Unidos: a criação de uma tricontinental revolucionária sob a égide de Fidel Castro, Che Guevara e dos Muçulmanos Negros que deseja reunir os países em que a revolução venceu, entre os quais a Argélia de Boumediene.

Desde os anos 1990, o fim da Guerra Fria liberou as forças que vieram relativizar a americanização da economia mundial. A China, em particular, garantiu por sua vez sua parte da dominação para além de suas fronteiras – à americana, poderíamos dizer, mas igualmente à europeia –, colonizando a seu modo as economias vulneráveis tanto da África subsaariana como da Ásia oriental.

É preciso acrescentar que até hoje continuam a existir formas bastante concretas de dominação de tipo colonial. É o caso do Canadá e dos Estados Unidos, onde há reservas indígenas. O mesmo acontece na América "Latina", ainda que os horrores do passado tenham desaparecido, ou na África do Sul, apesar da abolição do *apartheid*. Por fim, muitos aspectos de uma colonização de antigo regime existem em Israel. Os colonos se comportam diante dos palestinos como os franceses recentemente na Argélia: eles se apropriam das terras na Cisjordânia da mesma forma que os

A colonização explicada a todos

colonizadores de outrora. O despertar pode ser doloroso.

Sejam quais forem os perigos que despontam no horizonte, herança ou não da colonização, o fato é que o Iluminismo, contestado aqui e ali, conseguiu revolucionar positivamente o destino de muitos povos. No país da Ku Klux Klan, a eleição por duas vezes (2008 e 2012) de um negro, Barack Obama, para a presidência dos Estados Unidos assinala uma vitória do humanismo cristão encarnado por Martin Luther King e do espírito republicano – completada pela eleição de um governador negro no Canadá. No entanto, mais de dez anos depois, a eleição do republicano Donald Trump revela a força da ressaca racista que se manifesta nos Estados Unidos.

Na América Latina e no Caribe, graças à mestiçagem, aos poucos foram superados ou atenuados os horrores do tempo do tráfico e da escravidão, seja qual for a bandeira, antiga ou atual, que ali tremule. No entanto, nas montanhas e nas florestas subsiste um ressentimento indígena que explode de tempos em tempos e depois diminui.

Na África do Sul, onde a ação das ligas femininas e das igrejas pôs fim ao *apartheid*, o ressentimento dos negros continua forte. O adjunto de Mandela – o libertador –, Julius Malema, declarou em 2015 que ele só ficaria "feliz quando os brancos fossem tão pobres como os negros e seus empregados domésticos". Mas o enriquecimento do país pode atenuar esse rancor.

Na Argélia, no dia mesmo que a população festeja a independência, 5 de julho de 1962, as lutas pelo poder continuam a ensanguentar o país, vitimando franceses especialmente na região de Orã. Ao longo de vinte anos, os conflitos entre argelinos fizeram o mesmo número de vítimas que a guerra pela independência, e essa guerra ainda continua existindo de forma latente. A repercussão disso foi sentida na França.

Na África subsaariana, as fronteiras herdadas da colonização só excepcionalmente correspondem às verdadeiras "pátrias" de cada população. Herança violenta das lutas pela independência e, em seguida, pelo poder, dezesseis chefes de Estado – além do negus da Etiópia – são assassinados entre 1964 e 1987. Depois, ao confiscar esse poder e suas prebendas, como o colonizador havia feito, os beneficiários das transformações adquiriram fortunas quase infinitas. "A África negra começou mal", ressaltava René Dumont em

1962. "A corrupção reina até no último vilarejo", escreve o costa-marfinense A. Monti.

Outros elementos com consequências trágicas foram o racismo herdado da era colonial e a sensação de que a colonização beneficiou um grupo étnico mais do que outro. Isso contribuiu para provocar o massacre dos ibos na Nigéria, em 1975, e o genocídio dos tutsis em 1994.

Paradoxalmente, nos países da antiga África Ocidental Francesa as independências fortaleceram os laços com a metrópole. O governador negro Félix Eboué garante seu apoio a De Gaulle, e, uma vez realizada a independência, a França e seus doze Estados associados têm uma presença doze vezes maior na ONU, um sucesso para a francofonia.

Paralelamente, embora distorcidas pela corrupção, as operações comandadas por Jacques Foccart asseguram o desenvolvimento econômico da Costa do Marfim e do Gabão e a riqueza dos empresários africanos. Essas sociedades, entre outras, conservaram um relacionamento de confiança de tal nível com a França que, quando explode uma crise político-militar no Mali em 2012, esse país e seus vizinhos recorrem a ela contra a ameaça islamista.

– Você mencionou o islamismo da revanche. Qual a ligação entre ele e a colonização?

– O ressentimento provocado pela colonização, e que sobreviveu a ela, foi muito mais violento nos países islâmicos que em outros lugares, pois ele decorreu de uma humilhação insuportável em relação à decadência que aconteceu depois da queda do Império Otomano e da abolição do califado. Esse ressentimento é fundamental na construção do islamismo. Em 1946, logo depois da Segunda Guerra Mundial e no começo da Guerra Fria, Hassan Al-Banna, fundador da Irmandade Muçulmana, escreve o seguinte:

> Eis que o Ocidente, depois de semear a injustiça, a submissão e a tirania, encontra-se perplexo em meio a suas contradições. [...] Basta que uma poderosa mão oriental se estenda, à sombra do estandarte de Deus, sobre o qual tremulará a flâmula do Corão; um estandarte erguido pelo exército da fé poderosa e indestrutível; e o mundo, sob a bandeira do islã, reencontrará sossego e paz.

O egípcio Sayyid Qutb, guru da Irmandade Muçulmana a partir dos anos 1950, completa esse programa:

A colonização explicada a todos

O domínio do homem ocidental chega ao fim não porque a civilização ocidental esteja materialmente falida [...], mas porque a ordem ocidental não possui mais o conjunto de valores que garantiu sua supremacia; [...] o nacionalismo e as comunidades limitadas a um território que se desenvolveram no momento da revolução científica cumpriram seu papel. Agora é a vez do islã.

Chegamos ao que interessa. O inimigo é o Estado-nação, territorial, "essa prisão". O movimento islamista não parou de ampliar e endurecer seus meios de ação, alimentando-se do ressentimento em relação ao Ocidente. As ambições continuam as mesmas hoje: uma *"islamização da modernidade" e não uma modernização do islã*.[19] Ela é uma reação à ocidentalização do mundo, e ganhou uma nova amplitude depois da revolução iraniana, em 1979. Os ideais de liberdade e igualdade, e as forças laicas que originalmente os defendiam, parecem ter sido eliminados pelo retorno da identidade religiosa. Khomeini pretende pôr fim a um mundo de injustiça pondo o Irã a serviço do islã, não o contrário,

---

19 Abdessalam Yassine, *Islamiser la modernité*, Casablanca, Al Ofok, 1998.

e o islã a serviço de uma ação contra o Ocidente imperialista e o Estado-nação. Por sua, a organização terrorista Al-Qaeda de Osama Bin Laden comete uma série de atentados suicidas contra os Estados Unidos, especialmente na Somália e no Sudão, que culmina com o ataque ao World Trade Center em 11 de setembro de 2001, ao passo que as organizações que lutam contra Israel se islamizam. Oriundos de outro berço islamista, os talibãs destroem monumentos pré-islâmicos no Paquistão e no Afeganistão, demonstrando o desejo de apagar tudo que veio antes do islã. O mesmo acontece com outros movimentos extremistas na Síria, onde passam a ocupar territórios com o Daech (autodenominado Estado Islâmico). Em 2016, um arquipélago do terror não para de crescer ou de se multiplicar, do Afeganistão (os talibãs) à Somália (Al-Shabab), da Síria (Daech) à Nigéria (Boko Haram), ao Sahel e à Líbia, até a África Ocidental francófona. Em 2015, vários países são atingidos por uma onda de atentados. Depois de Madri e antes de Bruxelas, a França sofreu os atentados ao *Charlie Hebdo*, à mercearia kosher e ao Bataclan; a Tunísia, o atentado ao Bardo. Participa dessa luta pela eterna ressurreição uma juventude radicalizada majoritariamente de origem magrebina, sem vínculos com o país de origem de seus pais, sem raízes no país em que vive e até mesmo distante da própria família.

No tempo das colônias, os europeus estavam cheios de certezas acerca do seu papel e de suas ações. Hoje, diante do islã extremista que demonstra não ter nenhuma hesitação, os Estados-nação da Europa continuam indecisos quanto à atitude a ser tomada contra ele. Em meados dos anos 1990, o filósofo e sociólogo Sami Nair traçou um retrato do intelectual integrista muçulmano:

> Partidário do *apartheid* em nível planetário (separar radicalmente o islã do mundo ocidental supostamente pervertido), ele também defende um *apartheid* no plano local: por meio da vestimenta, dos rituais, da alimentação, da separação radical entre os sexos. Por só acreditar na autoridade temporal quando ela é revelada de maneira transcendental, ele não crê na democracia nem na república. No máximo, quando se encontra fragilizado, ele sabe utilizar suas vantagens de forma admirável – mas desconfiando profundamente de seu conteúdo (tolerância, alternância, liberdade individual). Ele não tem as preocupações morais de quem perdeu a razão. Seu Deus lhe permite

tudo, e todos os meios são válidos para alcançar seus fins.[20]

Só que a multiplicidade de centros geradores dessas violências reativou um cisma que parecia estar desaparecendo – o que opõe sunitas e xiitas, e até mesmo alauítas. Os representantes dessas correntes se autodestroem e se estraçalham entre si.

– Concluindo: será que um dia poderemos encarar com serenidade o período colonial?

– Não há dúvida de que o passado colonial não é uma página virada na França, pois a descolonização foi violenta e lembranças dolorosas continuam a existir – trazidas por indivíduos que defenderam causas diferentes – que são transmitidas de geração a geração. No entanto, a história da colonização não se reduz a um enfrentamento entre vítimas e culpados. O exemplo das sociedades mestiças da América espanhola mostra que esse tipo de conflito está longe de ter sido sua causa principal. Não se pode negar, no entanto, que da África do Norte ou subsaariana, e

---

20 Sami Nair, "Les deux regards", *Dédale*, n. 5/6, abril de 1997, *Postcolonialisme*, p.17-31.

também da Índia, veio um questionamento global do dogma da universalidade da razão como motor da história bem como da universalidade dos valores europeus.

Situada num contexto mais amplo que sua própria história, a colonização e suas consequências suscitam algumas constatações. Por exemplo, o fato de que no dia da independência da Argélia nenhum dos patronos da independência educados nos valores iluministas estava presente na tribuna – nem Ferhat Abbas, nem Ahmed Bem Bella, nem Messali Hadj – não está relacionado ao fato de que igualmente hoje, na Índia, o Partido do Congresso de Gandhi e Nehru, ele também herdeiro dos valores ocidentais, foi afastado do poder pelo Partido Nacionalista Hindu (BJP), que invoca valores hinduístas? Nesse meio tempo, Khomeini e o clero do Irã também tinham afastado do poder, em 1979, tanto a esquerda iraniana como a burguesia, e nas antigas democracias populares todos os tipos de dissidentes foram eliminados assim que se completou a liquidação dos regimes comunistas.

Foi isso que traçou o ocaso de todos aqueles que tinham se batido pela salvaguarda dos direitos humanos. Como se o espírito identitário tivesse vencido, ali mas também em outros lugares, os ideais de liberdade. Hoje, recuperando a ênfase de Las Casas, o papa Francisco convoca ao despertar, à retomada dos valores do humanismo cristão. Quanto a nós, historiadores, precisamos reescrever a história, hoje e sempre; mas uma história com várias vozes, escrita coletivamente.

Referências bibliográficas e filmográficas

Livros e artigos

AGERON, Charles-Robert (Dir.). *Histoire de la France coloniale*. Paris: Colin, 1991. 2v.

ALBERRO, Solange. *Les Espagnols dans le Mexique colonial*. Histoire d'une acculturation. Paris: Colin, 1992.

AMSELLE, Jean-Loup. *Logiques métisses*. Anthropologie de l'identité en Afrique et ailleurs. Paris: Payot, 1990.

ARENDT, Hanna. L'Impérialiesme. In: *Les origines du totalitarisme*. Paris: Seuil, 2010 [1982]. Coleção "Points Essais".

BENASSAR, Bartolomé; VINCENT, Bernard. *Le Temps de l'Espagne, XVIe-XVIIe siècles*. Paris: Fayard, 2011 [1985]. Coleção "Pluriel".

BENNIGSEN, Alexandre; QUELQUEJAY, Chantal. *Les Mouvements nationalistes chez les musulmans de Russie*. Paris: Mouton, 1960.

BERNABÉU, Salvador; GIUDICELLI, Christophe; HAVARD, Gilles (Dir.). *La Indianización, s. XVI-XIX*. Madri: Doce Calles, 2013.

BERTIN-MAGHIT, Jean-Pierre. *Lettres filmées d'Algérie. Des soldats à la caméra* (1854-1962). Paris: Nouveau Monde, 2015.

BERTRAND, Romain. *L'Histoire à parts égales*. Récit d'une rencontre, Orient-Occident, XVIe-XVIIe siècle. Paris: Seuil, 2014 [2011]. Coleção "Points Histoire".

BOURDIEU, Pierre. *Travail et travailleurs en Algérie*. Paris: PUF, 1958.

BRAUDEL, Fernand. *La Méditerranée à l'époque de Philippe II*. Paris: LGF, 1993 [1990]. 3v.

BROCHEUX, Pierre; HÉMERY, Daniel. *Indochine*. La colonisation ambiguë, 1858-1954. Paris: La Découverte, 2004 [1995].

CANTIER, Jacques; JENNINGS, Eric (Dir.). *L'Empire colonial sous Vichy*. Paris: Odile Jacob, 2004.

CARRÉ, Olivier; MICHAUD, Gérard. *Les Frères musulmans, 1928-1982*. Paris: Gallimard, 1983. Coleção "Archives".

CARRÈRE D'ENCAUSSE, Hélène. *Réforme et révolution chez les musulmans de l'empire russe*. Paris: Les Presses de Sciences Po, 1981 [1966].

CÉSAIRE, Aimé. Discours sur le colonialisme. *Présence africaine*, 1955.

CHRÉTIEN, Jean-Pierre. *L'Afrique des Grands Lacs*. Paris: Flammarion, 2011. Coleção "Champs".

COHEN, Jean. Colonisation et racisme en Algérie. *Les Temps modernes*, 1955. t.II, v.II, p. 580-90.

COLONNA, Fanny. *Instituteurs algériens, 1883-1930*. Paris: Les Presses de Sciences Po, 1975.

COMARMOND, Patrice de; DUCHET, Claude. *Racisme et société*. Paris: Maspero, 1969.

COOPER, Frederick; STOLER, Ann Laura. *Repenser le Colonialisme*. Paris: Payot, 2013.

COQUERY-VICROVITCH, Catherine. *Enjeux politiques de l'histoire coloniale*. Marselha: Agone, 2009.

DAKHILIA, Jocelyne; VINCENTE, Bernard (Dir.). *Les Musulmans dans l'histoire de l'europe*. Paris: Albin Michel, 2011-2012. 2v.

A colonização explicada a todos

DALLET, Sylvie (Dir.). *Guerres révolutionnaires, histoire et cinéma*. Paris: L'Harmattan, 1984.

DOZON, François. *Frères et sujets*. La France et l'Afrique en perspective. Paris: Flammarion, 2003.

DUCHET, Claude; DUCHET, Michel. Un problème politique: la scolarisation de l'Algérie. *Les Temps modernes*, 1955-1956, t.II, v.II, p.1387-421.

ELGEY, Georgette. *Histoire de la IVᵉ République*. Paris: Fayard, 1965-2012.

ENCEL, Frédéric. *Comprendre la Géopolitique*. Paris: Seuil, 2011 [2009]. Coleção "Points Essais".

FANON, Frantz. *Peau noire, masques blancs*. Paris: Seuil, 2015 [1954]. Coleção "Points Essais".

FERRO, Marc (Dir.). *Le Livre noir du colonialisme (XVIᵉ-XXIᵉ siècle)*. De l'extermination à la repentance. Paris: Fayard, 2010 [2003]. Coleção "Pluriel".

FILLIU, Jean-Pierre. *Les Frontières du Jihad*. Paris: Fayard, 2006.

FOURCADE, Marie; ŽUPANOV, Ines G. (Dir.). *L'Inde des Lumières, XVIIᵉ-XIXᵉ siècle*. Paris: Éditions de l'EHESS, 2013. Coleção "Purusartha".

GAUTIER, Arlette. *Les Soeurs de solitude*. Femmes et esclavage aux Antilles du XVIIᵉ au XIXᵉ siècle. Rennes: Presses Universitaires de Rennes, 2010.

GIRARDET, Raoul. *L'Idée coloniale en France, de 1871 à 1962*, reed. Paris: Hachette, 2005 [1972]. Coleção "Pluriel".

GLASER, Antoine; SMITH, Stephen-J. *L'Afrique sans Africains*. Le rêve blanc du continent noir. Paris: Stock, 1994.

GRENOUILLEAU, Olivier. *Les Traites négrières*. Essai d'histoire globale. Paris: Gallimard, 2004.

GRUZINSKI, Serge. *La Colonisation de l'imaginaire*. Sociétés indigènes et occidentalisation dans le Mexique espagnol des XVIᵉ-XVIIIᵉ siècle. Paris: Gallimard, 1988.

HARBI, Mohammed; STORA, Benjamin. *La Guerra d'Algérie*. Paris, Hachette, 2005. Coleção "Pluriel".

JULIEN, Charles-André (Dir.). *Les Techniques de la colonisation, XIXᵉ-XXᵉ siècle*. Paris: PUF, 1947.

KEPEL, Giles. *Jihad*. Paris: Gallimard, 2003 [2000]. Coleção "Folio".

LACOUTURE, Simone; LACOUTURE, Jean. *L'Égypte en mouvement*. Paris: Seuil, 1956.

LAROUI, Abdallah. *L'Histoire du Maghreb*. Paris: Maspero, 1976 [1970]. 2v.

LAURENS, Henry. *L'Empire et ses ennemis*. La question impériale dans l'histoire. Paris: Seuil, 2009.

LE CALLENCE, Sophie; M'BOKOLO, Elikia. *Afrique noire*: histoire et civilisation du XIXe siècle à nos jours. Paris: Hatier, 2004 [1992].

LEWIS, Bernard. *Comment l'Islam a découvert l'Europe*. Paris: Gallimard, 2005 [1984]. Coleção "Tel".

MARGOLIN, Jean-Louis; MARKOVITS, Claude. *Les Indes et l'Europe, histoires connectées, XVe-XXIe siècles*. Paris: Gallimard, 2015. Coleção "Folio".

MARSEILLE, Jacques. *Empire colonial et capitalisme français*. Histoire d'un divorce. Paris: Albin Michel, 2005 [1986].

MORAZÉ, Charles. *Les Bourgeois conquérants*. Bruxelas: Complexe, 1999-2000 [1985]. 2v.

MOURADIAN, Claire. *De Staline à Gorbatchev*. Histoire d'une République soviétique, l'Arménie. Paris: Ramsay, 1990.

NOUSCHI, André. *L'Algérie amère, 1914-1994*. Paris: MSH, 1996.

RASHID, Ahmed. *L'Ombre des talibans*. Paris, Autrement, 2001.

REDIKER, Marcus. *À bord du négrier*. Une histoire atlantique de la traite. Paris: Seuil, 2013.

RIOUX, Jean-Pierre (Dir.). *La Guerre d'Algérie et les Français*. Paris: Fayard, 1990.

ROY, Olivier. *L'Islam mondialisé*. Paris: Seuil, 2004 [2002]. Coleção "Pont Essais".

SINGARAVÉLOU, Pierre (Dir.). *Les Empires coloniaux*. Paris: Seuil, 2013. Coleção "Points Histoire".

SOUYRI, Pierre-François. *Nouvelle Histoire du Japon*. Paris: Perrin, 2010.

STORA, Benjamin. *Histoire de l'Algérie coloniale*. Paris: La Découverte, 2004.

_____. *Histoire de la guerre d'Algérie*. Paris: La Découverte, 2004.

SUBRAHMANYAM, Sanjay. *Vasco de Gama*. Légende et tribulations du vice-roi des Indes. Paris: Seuil, 2014 [2012]. Coleção "Points Histoire".

_____ (Dir.). *L'Empire portugais d'Asie, 1500-1700*. Paris: Seuil, 2013. Coleção "Points Histoire".

THÉNAULT, Sylvie. *Violence ordinaire dans l'Algérie coloniale*. Paris: Odile Jacob, 2015.

TODOROV, Tzvetan. *La Conquête de l'Amérique*. La question de l'autre. Paris: Seuil, 1982.

VALENSI, Lucette. *Fables de la mémoire*. La glorieuse bataille des Trois Rois (1578). Paris: Chandeigne, 2009 [1992].

VERDES-LEROUX, Jeannine. *Les Français d'Algérie de 1830 à aujourd'hui*. Paris: Fayard, 2015 [2001]. Coleção "Pluriel".

VIDAL-NAQUET, Pierre. *La Torture dans la République*. Paris: Maspero, 1975 [1972].

WACHTEL, Nathan. *La Vision des vaincus*. Les Indiens du Pérou devant la conquête espagnole. Paris: Gallimard, 1971.

WINOCK, Michel. *La République se meurt*. Chronique, 1956-1958. Paris: Seuil, 1978.

Filmes

Apcalypse Now. Francis Ford Coppola, 1979, Estados Unidos.

Avoir vingt ans dans les Aurès. René Vautier, 1972, França.

Bandera (La). Julien Duvivier, 1935, França.

Ceddo. Ousmane Sembène, 1977, Senegal.

Carga da brigada ligeira (A). Michael Curtiz, 1936, Estados Unidos.

Crônica dos anos de fogo. Mohammed Lakhdar Hamina, 1975, Argélia.

Esquadrão branco (O). Joseph Peyré e Augusto Genina, 1934, Itália.

Indonésia chama (A). Joris Ivens, 1946, França.

Lawrence da Arábia. David Lean, 1962, Grã-Bretanha.

Memória fértil (A). Michel Khleifi, 1982, Palestina.

"Não", ou a vã glória de mandar. Manoel de Oliveira, 1971, Portugal.

Nouba des femmes du mont Chenoua (La). Assia Djebar, 1978, Argélia.

Sangue do condor (O). Jorge Sanjines, 1969, Bolívia.

Lanceiros da Índia. Henry Hathaway, 1935, Estados Unidos.

Visitantes (Os). Elia Kazan, 1972, Estados Unidos.

Para uma bibliografia e uma filmografia mais extensas, consultar FERRO, Marc. *Histoire des colonisations.* Paris: Seuil, 1996 [1994]. Coleção "Points".

Cronologia

1433	Última expedição chinesa a Moçambique.
1492	Cristóvão Colombo chega ao Caribe.
1498	Vasco da Gama chega a Calicute.
1500	Descoberta do Brasil; expansão da escravidão negra na América.
1519-1521	Cortez no México.
1531-1534	Pizarro derrota o império Inca.
1549	Francisco Xavier chega ao Japão.
1619	Os holandeses chegam a Batávia (atual Jacarta).
1620	Odisseia do *Mayflower*.
1625-1644	Os franceses chegam às Antilhas e ao Canadá.

1632	Os russos chegam a Irkutski.
1637	Os franceses chegam ao Senegal.
1744	Joseph-François Dupleix chega à Índia.
1776-1783	Guerra de Independência americana.
1787	Fundação da Sociedade dos Amigos dos Negros.
1788	Chegada dos primeiros convictos a Botany Bay (Sydney).
1804	Independência do Haiti.
1807	Wilberforce abole o tráfico negreiro no Império Britânico.
1821-1822	Independência da América espanhola e do Brasil.
1823	Criação da Libéria pela Sociedade Americana de colonização.
1830	Os franceses chegam à Argélia.
1839	Primeiros povoados de colonos judeus na Palestina.
1848	Abolição da escravidão na França, obtida por Victor Schoelcher.
1857	Revolta dos cipaios na Índia.
1867	Criação da Confederação do Canadá.
1881	Protetorado francês na Tunísia: Tratado do Bardo.
1883	Anam reconhece o protetorado francês.
1884	Os alemães chegam à Namíbia, ao Togo e a Camarões. Conferência de Berlim: partilha da África negra.
1885	Índia: criação do Partido do Congresso. Protetorado francês em Madagascar.

A colonização explicada a todos

1898	Guerra hispano-americana: independência de Cuba. Porto Rico e Filipinas tornam-se possessões americanas.
1912	Protetorado francês no Marrocos.
1916	Mobilização dos árabes contra os otomanos. Acordo Sykes-Picot.
1917	Declaração Balfour em favor de um lar judeu na Palestina. Rússia: Lenin proclama o direito à autodeterminação.
1920	Congresso dos Representantes dos Povos do Oriente em Baku.
1933	Primeiro Congresso da Irmandade Muçulmana no Cairo.
1947	Independência da Índia e do Paquistão.
1954	Fim da Guerra da Indochina e acordos de Genebra. A FLN desencadeia a insurreição Argelina.
1956	Crise de Suez (jul.-nov.). Independência da Tunísia e do Marrocos.
1960-1964	Anos das independências africanas.
1964	Primeiro congresso da Organização para a Libertação da Palestina (OLP).
1968-1975	Guerra do Vietnã; Khmer Vermelho no Camboja.
1973	Independência da Guiné-Bissau. Portugal: Revolução dos Cravos.
1979	O Vietnã invade o Camboja. Revolução Islâmica no Irã. "Descolonização" da Rodésia.
1985	Luta contra o *apartheid* na África do Sul.
1986	Desmembramento da URSS: a Rússia e as outras repúblicas proclamam sua soberania.

1989	Fim do *apartheid* na África do Sul. Nascimento da Autoridade Palestina.
2001	Ataques da Al-Qaeda em Nova York e Washington.
2011	Primavera Árabe (Tunísia, Egito, Síria).
2014-2016	Criação de um "Estado Islâmico". Atentados em Paris, Túnis, no Sinai, em Bruxelas etc.

SOBRE O LIVRO

Formato: 12 x 21 cm
Mancha: 19 x 39,5 paicas
Tipografia: Iowan Old Style 12/17
Papel: Off-white 80 g/m² (miolo)
        Cartão Supremo 250 g/m² (capa)
1ª edição Editora Unesp: 2017

EQUIPE DE REALIZAÇÃO

Capa
Marcelo Girard

Edição de texto
Rodrigo Chiquetto (Copidesque)
Nair Hitomi Kayo (Revisão)

Editoração eletrônica
Eduardo Seiji Seki (Diagramação)

Assistência editorial
Alberto Bononi
Richard Sanches

Impressão e Acabamento
assahi
gráfica e editora ltda.